Gabriele Tergit

Der alte Garten

Geschichten von Blumen und Gärten

Schöffling & Co.

Erste Auflage 2014

Einbandfoto: Fritillaria imperialis – Kaiserkrone
Foto: Marion Nickig
Satz: Fotosatz Amann, Memmingen
Druck & Bindung: CPI Moravia
ISBN 978-3-89561-588-7

www.schoeffling.de

Der alte Garten

Der Alte Garten

Kaiserkron' und Päonien rot,
Die müssen verzaubert sein,
Denn Vater und Mutter sind lange tot,
Was blühn sie hier so allein?

Der Springbrunn plaudert noch immerfort
Von der alten schönen Zeit,
Eine Frau sitzt eingeschlafen dort,
Ihre Locken bedecken ihr Kleid.

Sie hat eine Laute in der Hand,
Als ob sie im Schlafe spricht,
Mir ist, als hätt' ich sie sonst gekannt –
Still, geh vorbei und weck sie nicht!

Und wenn es dunkelt das Tal entlang,
Streift sie die Saiten sacht,
Da gibt's einen wunderbaren Klang
Durch den Garten die ganze Nacht.

Eichendorff

Inhalt

Eine leicht sentimentale Einleitung über die allgemeine Freude an der Natur 13

ERSTER TEIL

Die Päonie der Chinesen und die Lotusblume der Ägypter 21

Die Lotusblume als größtes Symbol indischer Kultur 26

Die sakrale Lilie 30

Gärten in Vorderasien 32

Griechenland 33

Die Gärten des Osiris und des Adonis und die Sagen vom Ursprung der Blumen 38

Der Beginn der Botanik 39

Zweitausend Jahre Bestseller 42

Aristoteles, ein freier Schriftsteller 46

Ein kleiner Einschub zur Geschichte unserer Epoche 47

Rosen in Rom: Vom rauen Römertum zur Rosennarretei 51

Die römischen Gärten 58

Bedeutungswandel der Rosen, Florafest und 1. Mai 61

Die geheimnisvolle Rose 67
Die Rose bei den alten und neuen Germanen – Rosmarin 69
Vom inneren Hof der Ägypter zum Patio der spanisch sprechenden Welt 74
Beschäftigung mit der Natur im griechischen Ostrom 77
Im Westen wird die Beschäftigung mit der Natur verdächtig 83
Gärten und Blumen im frühen Mittelalter 86
Frankreich, die Heimat der modernen Rose . . 94
In Salerno beginnt eine Renaissance 96
Friedrich II., Roger Baco, Albertus Magnus . . . 100
Renaissance 107
Renaissancegärten 111
Die Blumenentdecker der Renaissance 114
Das große Trio: Dodoens, L'Ecluse, L'Obel . . . 125
Gärten um 1600 142
»Die Girlande der Julia« oder Das Meisterwerk der Galanterie 149
Die Sammlung von Blumenmalereien im Naturkundemuseum von Paris 152
Le Notre und die Verbannung der Blumen in den Küchengarten 154
Die Tulpenwut 159
Die Hyazinthe 172
Die Nelke 176
Die Botanik bis Linné 180

Englischer contra französischer Garten 186
Das Ende des 18. Jahrhunderts und das
Missbehagen an der Lebensfreude 192

Editorische Notiz 199

Eine leicht sentimentale Einleitung über die allgemeine Freude an der Natur

Irgendwo wird es immer Gärten gegeben haben. Wo eine Kultur wächst, ordnet der Mensch das Wildwachsende. Wo man über die Not hinaussieht, wo der Hunger gestillt, die Blöße bedeckt ist und das schützende Dach dem Regen besser wehrt als Höhle und Erdloch, da beginnt der Mensch, das Überflüssigste dieser Erde liebevoll zu bedenken, und er begießt die weder Nahrung noch Kleidung spendenden Blumen.

In einem Garten zu sitzen, das ist ein Traum, der Traum vom Ruhen und Rasten, wenn des Tages Werk getan, wenn der Woche Werk getan, wenn des Lebens Werk getan.

Es ist noch mehr. Ob Kriege die Städte zerstört und Mensch gegen Mensch gehetzt – der Überlebende findet immer im Frühling den aufbrechenden Samen, Körnchen und Fäden und manchmal sogar eine Zwiebel, im geschäftigen Erdreich verborgen, oder am Treffpunkt von Blatt und dem dürre scheinenden Zweig die Knospen in der klebrigen Hülle, wartend auf Wärme, auf Sonne, auf längere Tage oder, im Wüstengürtel der Erde, auf Regen. Wer jedes Kommende pflegt, ihm Platz schafft und es tränkt, der ist vor Enttäuschung bewahrt. Dankbar ist alles Wachsende für

Pflege und Liebe, und ein blühender Sommer erwartet den sorgenden Gärtner, und der säende Mensch fühlt sich Gott gleich, wenn er erlebt, dass der Samen aufgeht.

Denn die Pflanzen sind das Wichtigste auf der Welt. Sie bedürfen des Menschen nicht. Aber der Mensch könnte nicht leben ohne die Pflanzen, und so begann es: »Und Gott sprach: Es lasse die Erde Gewächse sprossen, Kraut, das Samen bringt und Fruchtbäume nach ihrer Art, die Frucht tragen, worin ihr Samen ist, auf der Erde!« »Und es pflanzte Gott, der Herr, einen Garten in Eden gegen Osten. Und da ließ Gott, der Herr, aufsprossen aus dem Erdboden allerlei Bäume, lieblich zum Ansehen und gut zum Essen. Es war aber der Baum der Erkenntnis des Guten und Bösen. Und ein Strom ging aus von Eden, den Garten zu bewässern …« Und die Menschen liebten ihre Gärten, die sie an den Garten Eden erinnerten, und die Blumen, die darin wuchsen, zu allen Zeiten und in allen Ländern.

Die Ägypter hatten eine blaue Seerose um ihren Arm gewunden, wenn sie ihren Göttern Blumen als Opfer darbrachten. Die Buddhisten legen Blumen vor das Bild des Buddha. Die Azteken schmückten ihre Tempel, in denen sie den Gefangenen das Herz bei lebendigem Leibe herausrissen, mit Blumen. Die Chinesen legen Blumen auf ihre Altäre. In allen Kirchen der Welt stehen Blumen.

Das persische Wort für Garten, aus welchem sich unser Wort *Paradies* entwickelte, kam durch Xenophon nach Griechenland. *Paradies* und *Garten* bedeuten also dasselbe. *Paradies* ist kein Synonym für die Liebe oder die Freuden der Jugend, für den Tanz oder die Landschaft aus Berg und Tal und sich windendem Fluss. Es bedeutet nichts anderes als *Garten*. Das Glück des Jenseits besteht auch im Koran darin, in einem entzückenden Garten zu sitzen.

Die Chinesen sagen: »Willst du eine Stunde glücklich sein, dann betrinke dich! Willst du drei Tage glücklich sein, dann nimm ein Weib! Willst du drei Monate glücklich sein, dann schlachte ein Schwein und iss es in drei Monaten auf! Willst du das ganze Leben glücklich sein, dann werde ein Gärtner!«

»Glück ist, in beiden Händen Blumen zu halten«, sagt man in Japan.

Thomas Morus sah schon, wie wichtig ein Garten für die kleinen Leute ist, und er beschrieb in seinem Zukunftsroman *Utopia* (1551), wie er sich die neue Lebensweise vorstellte: »Jedes Haus soll hinten einen großen Garten haben und einen Vorder- und einen Hinterausgang. Wer will, soll in jedes Haus gehen können, denn nichts in dem Haus ist Privateigentum. Alle zehn Jahre werden die Häuser neu verlost. Den Bewohnern sind ihre Gärten sehr wichtig, in denen sie Weinlauben haben und alle Arten von Obst, Gewürzen und Blumen wachsen. Sie sind so prachtvoll gehalten, wie ich es nirgends sonst gesehen habe, nicht nur, weil den Leuten die Gartenarbeit Spaß macht, sondern weil ein Wetteifer entstanden ist zwischen Straße und Straße, wer seinen Garten am besten hält.«

Vieles, was der edle Thomas Morus erträumte, ist in England verwirklicht worden. Denn der Sozialismus in England ist nicht aus dem Kopf von Karl Marx entsprungen wie Pallas Athene aus dem Haupte des Zeus, sondern hat Wurzeln, die tief in die Vergangenheit hinabreichen, und zu dieser Vergangenheit gehören die Bibel und die *Utopia* des Thomas Morus. In ganz England stehen kleine Häuser, die einen Vorder- und einen Hinterausgang haben und einen Vorder- und einen Hintergarten. Die Gärtnerei nimmt einen großen Platz im Leben ein, und ein Wetteifer ist entstanden, wer seinen Garten am besten hält.

Aber nicht nur Durchschnittsmenschen, sondern auch die, die ein an Genüssen und Taten reiches Leben hatten, denen der Erdball nicht zu genügen schien, finden am Ende Glück oder doch Trost im Säen und Beschneiden. Napoleon beschäftigte sich auf St. Helena mit Gartenarbeit. Als Fazit eines Lebens, das eine Suche nach Erfolg, Geld, Liebe war, aber nichts brachte als Totschlag, Flucht, Gemeinheiten aller Art, ließ Voltaire seinen Candide sagen: *Il faut cultiver notre jardin.* »Gärtner Voltaire« nennen ihn die Franzosen, ihn, der auch das Fazit seines eigenen Lebens derart zog: »Ich habe viel gelesen und nur

Unsicherheit, Lügen und Fanatismus gefunden. Ich bin beinahe so klug, was das Wesentliche angeht, wie ich als Säugling war. Ich ziehe es vor, zu pflanzen, zu säen, frei zu sein.«

Es ist nur natur-gemäß oder garten-gemäß, dass Gärtner älter werden als andre Leute. Der große Le Notre, der den Mut hatte, die Natur umzuschaffen, der Landschaften schuf nach seinem Willen, wurde fast neunzig. Der alte Castor, bei dem sich Plinius über Pflanzen unterrichtete, wurde über hundert Jahre alt. Mr. Russel, der die Russel-Lupinen züchtete, pflanzte noch, als er dreiundneunzig war. Bernhard Shaw, der Gärtnerfreuden und Krautessen mit einem beizenden Witz, den man städtisch zu nennen gewohnt ist, zu verbinden verstand, starb an einem Unfall, den er sich zuzog, als er allzu eifrig eine Hecke beschnitt. Auch der Gärtner Lakeman, der Charles Darwin mit seinen Beobachtungen fast dreißig Jahre lang half, starb sechsundneunzig Jahre alt. Er hatte seinen Morgentee im Bett getrunken und seinem Gehilfen sagen lassen, er möge die Tulpen ausgraben, um für die Federnelken Platz zu machen, und dann ein bisschen hacken – als er sich zurücklegte und starb.

Es wäre ja auch höchst seltsam, wenn die Menschen nicht in allen Ländern und zu allen Zeiten Gärten geliebt hätten. Denn ganz nahe ist das menschliche Leben dem Gartenjahr verwandt. Im Februar wird der Mensch geboren, im März verbringt er das erste Jahrzehnt seines Lebens bis zum vierzehnten Jahre, in dem er in den April tritt als ein blühendes Wesen, das dann im Mai Hochzeit feiert. Der Juni ist sein drittes Jahrzehnt, und vierzig ist er im Juli. Dann kommen der August und der September, die Ernte des Lebens, das Sammeln für Küche und Keller, und noch einmal das Bunte, das Abschiednehmen in Weisheit. Oktober, das sind die Sechzigerjahre. Dann kommen der November und der Dezember, Siebzig und Achtzig, das leise Vertrocknen an Körper und Geist, bis Stille einzieht. Und der Mensch und die Natur im Januar enden im weißen Totenhemd.

G. T.

Erster Teil

Die Päonie der Chinesen und die Lotusblume der Ägypter

Pflanzen waren von Anfang an wichtig als Nahrungsmittel, als Heilmittel und um böse Geister zu vertreiben. Blumen als Schmuck des Daseins kamen erst, als das Leben gesichert war und Reichtum solchen Luxus erlaubte. Im römischen Latium rissen die Bauern die Olivenbäume aus und säten keinen Weizen mehr, sondern legten Rosenfelder an. Dasselbe taten die Bauern der Riviera im 19. Jahrhundert. Während der Han-Dynastie in China (206 v. Chr. bis 9 n. Chr.) wurden die Gärten so groß, dass Hungersnöte drohten. Genauso beschwerten sich die Augsburger 1594, dass ihnen die Blumengärten der Fugger zu viel Platz von ihren Gemüsegärten wegnähmen. In der Not geschieht es dann umgekehrt, die Gärten werden in Gemüsefelder verwandelt, wie im Dreißigjährigen Kriege, oder wie wir selber es in unserm kriegsfreudigen Jahrhundert erlebt haben.

Vor 5000 Jahren gab es schon Gärten in China: Höhen, von denen Wasser herunterstürzte, Brückchen von wenigen Metern, blumenbedeckte kleine Felseninseln, »Inseln der ewigen Jugend« und »Inseln des unendlichen Glücks«, glöckchenbehängte Pagoden am weiten Wasser, und Goldfasan und Silberfasan und Pfau. Kaiser Chin Ming (2737–2697 v. Chr.) begann, sich mit der Blumenpflege zu beschäftigen. In den Tempelgärten von Peking gibt es Päonien, die Hunderte von Jahren alt sind. Vor 1400 Jahren gaben die Chinesen der Päonie ihren Namen. Varianten wurden sehr hoch bezahlt. Ein Exemplar wurde für hundert Goldunzen verkauft. Plinius, der uns alle Tatsachen über die Natur, die den Römern bekannt waren, überliefert hat – er wurde 79 n. Chr. in Pompeji verschüttet, weil er den Ausbruch des Vesuvs allzu nah beobachten wollte –, nennt sie die älteste aller kultivierten Blumen. Ob er recht hat, wissen wir nicht. In Europa begann man sich mit der Veredlung von Blumen nicht vor dem 17. Jahrhundert zu beschäftigen, aber in Japan und China ist diese Kunst Jahrhunderte, ja vielleicht Jahrtausende früher geübt worden, und Astern und Chrysanthemen, Kamelien, Nelken und Rosen waren hochgezüchtete veredelte Pflanzen, als sie im 17. und 18. Jahrhundert nach Europa kamen.

Im alten Ägypten wurde das Gänseblümchen Ostara, der Göttin der Auferstehung der Natur, geweiht. Vergissmeinnicht und Butterblume in Emaille bildeten Diademe. In den Grabkammern hat man längliche Sträuße aus allen möglichen Feld- und Gartenblumen gefunden, aus Malven, Jasmin, Rittersporn und gelblicher Akazie. (Es ist überhaupt eine erstaunliche Tatsache, dass im östlichen Mittelmeergebiet eine Menge unsrer weißen Blumen nur gelb zu finden sind, zum Beispiel Margeriten.) Diese ährenförmigen Grabkammersträuße wurden hergestellt, indem man die Blumen und Blätter um einen Stab anordnete und mit Baststreifen umwickelte. Noch heute werden im Orient Sträuße so gebunden.

Herodot, der Vater der Geschichtsschreibung, erwähnt als ägyptische Blume nur die Lotusblume, die blaue, duftende Seerose, Geschenk des Nils, heilige Pflanze, die in keinem Opfer für die Götter fehlen durfte. Ihr hieroglyphisches Wortbild stand für das ganze Land *Kemi*, d. h. Ägypten. *Kemi* hieß auch die schwarze, fette Erde der Nilüberschwemmungen.

Die Lotusblume war die Allerweltsblume, Schmuck der Räume, Girlande, Strauß für Vasen, Vasen, die sogar die Form des Füllhorns hatten. In Krügen aus gebranntem Ton, auf die oft auch Lotusblumen gemalt waren, steckte in jedem der zwei bis drei engen Hälse eine Lotusblume. Sie wurde gemalt, gemeißelt, bildete die Säulenkapitäle. Liebende sandten sie einander, man trug sie, aus Holz geschnitzt und aus Ton gebrannt, als Amulett auf der Brust. Blaue Türkise wurden für Schmuckstücke in der Form von Lotusblumen in Gold gefasst.

In Ägypten brachte man nicht der Gastgeberin Blumen mit, sondern ein Diener überreichte den eintretenden Gästen eine Lotusblume. Lotusblumenkränze wurden ihnen um den Hals gehängt und auf den Kopf gesetzt. Eine einzelne Lotusblüte schmückte manchmal das schwarze Haar einer Dame. Die Gäste hielten eine Lotusblume in den Händen und saßen in Räumen, wo Vasen mit Lotusblumen die wichtigsten Möbel waren. Die Diener servierten nicht nur das Essen, sie brachten auch mit jedem Gang neue Blumenkränze und zum Nachtisch wohlriechende Salben.

Wie ein ägyptischer König sich durch sein freundliches Herz und durch Blumen um seinen Thron brachte, berichtet uns ein Alexandriner. Amasis, ein Mensch von niedriger Herkunft, ein Freund des Tyrannen Polykrates von Samos, schickte dem König Patarmis von Ägypten zum Geburtstag einen Kranz aus den prächtigsten Frühlingsblumen. König Patarmis war begeistert, lud Amasis ein, befreundete sich mit ihm und sandte ihn mit einem Heer gegen rebellische Truppen. Diese aber wählten Amasis zum König.

Der sehnlichste Wunsch der Ägypter war, eine leuchtende Lotusblume zu werden im Garten des Sonnengottes Ra. Am Tempel von Denderah steht:

Die Erde ist in Freude. Die Bewohner von Denderah sind trunken von Wein, ein Kranz von Blumen ist auf ihren Häuptern.

Die ägyptischen Priester, die eifersüchtig ihre Tempelgeheimnisse hüteten, waren große Chemiker und Ärzte. Dass die Christrose Wahnsinn heile – ein weitverbreiteter Glaube bis tief in die Neuzeit –, behauptete der gleiche Arzt, der zu Moses' Zeiten dem König von Ägypten Eisenrost zu essen gab und ihn damit kurierte. Man bestreute seine Häuser mit der Christrose, um sie gegen böse Geister zu schützen, und segnete das Vieh damit. In einem Papyrus aus dem 16. Jahrhundert v. Chr. wird auch schon der Krokus, der den Safran liefert, als Mittel gegen Frauenkrankheiten, als Herz- und Augenheilmittel erwähnt. Eine alte ägyptische Blume ist auch die Iris. Moses wurde in einem Irisgebüsch aufgefunden.

Die Gärten des alten Ägypten waren Innenhöfe oder Innengärten. Aber Reihen von Bäumen umschlossen auch oft das Haus und einen davorliegenden Teich, einen Teich mit Lotusblumen und Wasservögeln und vielerlei Fischen. Manchmal waren die Teiche so groß, dass sie mit Gondeln befahren werden konnten. Sie wurden durch Kanäle vom Nil gespeist. Bunt bemalte Lusthäuser und Weinlauben und Feigenbäume standen an ihren Ufern.

In einem Papyrus spricht ein alter Schreiber:

Du hast dir ein bewässertes Grundstück angelegt, du hast dein Gartenland mit Hecken umgeben. Sykomoren hast du in Reihen gepflanzt, wohl sie ordnend auf dem ganzen Gebiet bei deinem Hause, du füllst deine Hand mit allen Blumen, welche dein Auge erschaut.
Es gab herrliche Gartenanlagen in Ägypten. Der bunt bemalte Tempel zu Luxor mit seinen vergoldeten Säulen und Toren, seinen mit Silber ausgelegten Fuß-

böden stand inmitten von Palmen und tropischem Gewächs und Geblüh, und die mit Kupfer gedeckten Obelisken leuchteten rot darüber hin. Und das alles spiegelte sich im Tempelsee. Mitten durch die Anlage führte eine Doppelreihe von steinernen Widdern und Dattelpalmen. Diese prunkvolle Anlage bestand über ein Jahrtausend. Unter Ramses III. waren allein zur Pflege der Tempelgärten in Theben achttausend Sklaven erforderlich.

Die Lotusblume als größtes Symbol indischer Kultur

Dr. V. Raghavan, Professor für Sanskrit an der Universität von Madras, hat auf meine Bitte, mir die Bedeutung der Lotusblume im indischen Leben zu erklären, Folgendes gesandt, das ich mit vielem Dank für die Mühe und Zeit, die ein bedeutender Gelehrter für meine bescheidenen Zwecke aufwandte, hier mitteile:

»Das größte Symbol der indischen Kultur ist die Lotusblume. Wenige Gebilde haben die Fantasie der indischen Denker, Philosophen oder Ästheten so beflügelt wie diese herrliche Blume. Diese indischste aller Blumen war das Maß der Dinge. Sie inspirierte zu Gedanken über die Schönheit und das All. In ihr spiegelt sich die Welt. Ihre große Blüte, die meist rosa, aber manchmal auch weiß ist, füllt nicht nur die indischen Gewässer, sondern jede Seite der indischen Literatur.

Das Universum selbst erblühte aus der Urlotusblume. Denn als Gott Wischnu, die einzige Gottheit, auf dem Wasser der Flut lag, die alle Schöpfung überschwemmt hatte, erblühte aus seinem Nabel eine Lotusblüte, in welcher der erste Schöpfer, Gott Brahma, erschien, der sich bereit machte, die Welt zu erschaffen.

Sehr früh schon sprechen die Veden vom Herzen oder der inneren Tiefe unseres Wesens als der Form einer Lotusblume, die vom Geist bewohnt wird. Das Herz, der Wohnsitz des Gottes, wird immer die Lotusblume des Herzens genannt.

In den Geheimwissenschaften wird angenommen, dass der Mensch sechs Energiezentren, vom Unterleib angefangen bis zum Kopf, besitze. Die Aufgabe von Yoga ist, die Energie, die in den unteren Zentren ruht, durch die vier mittleren Zentren bis zum höchsten zu erheben, das im Kopf sitzt und als der tausendblättrige Lotus beschrieben wird, aus der durch die Energie aller Zentren der Nektar der Unsterblichkeit fließt, und der Geist ist so in unaussprechliche Freude getaucht. Die fünf unteren Zentren werden auch als Lotus bezeichnet.

Für sein geistiges Streben gibt der Hinduismus eine Anzahl Formeln von geheimer Bedeutung. Mit den meisten gehen Bilder, bei denen fast immer der Mittelpunkt eine aufgeblühte Lotusblume ist. In jedem Blütenblatt ist ein Buchstabe der geheimen Formel verborgen mit der wesentlichen Silbe im Zentrum der Lotusblume, der Schale ihrer Staubgefäße. Eine der Yogaübungen wird nach dem Lotus *padma-asana* genannt.

In der indischen Architektur und Dekoration kehrt ebenfalls kein Motiv so oft wieder wie die Lotusblume.

Wie weder Dorf noch Stadt für vollkommen angesehen werden ohne Fluss oder Wasser, so wird kein Wasser für vollkommen angesehen ohne Lotus. Jedes Wassergefäß wird *puschkarini* genannt, Lotusgefäß.

Die goldenen Strahlen der Sonne, die die stillen Wasser berühren, und die Lotusblume, die bei dieser Berührung erwacht und erblüht, geben eine Szene, die die ganze indische Literatur durchzieht. Diese Szene ist das Urbild allen Erwachens und Erblühens zu Anmut und Schönheit. Ja, die Sonne selbst hat den Namen *Freund* oder *Liebhaber der Lotusblume*, und sowohl Lotusblume wie Sonne sind Symbole der ewigen Liebe, die keine Entfernung verringern kann.

Erlesene Geschöpfe, wie die Schwäne, die den Geist und die höchste Seelenstufe verkörpern, werden von der Lotusblume angezogen.

In der indischen Ästhetik herrscht die Lotusblume unbestritten. Es gibt keinen Aspekt der Schönheit, für den sie nicht herangezogen würde. Bei einem schönen Wesen werden die Füße, die Hände, das Gesicht, die Augen, der Teint mit der Lotusblume verglichen. Die Anmut der Blume macht sie zum wesentlichen Gleichnis für das Gesicht, besonders für die Augen. In Abhandlungen über die Liebe werden die Frauen in vier Typen eingeteilt. Der verfeinertste Typ wird der Lotusblume gleichgestellt und Lotusdame, *padmini*, genannt, deren Atem den sanften Duft der Lotusblume hat.

Die Göttin der Schönheit und des Reichtums ist im Hinduismus in der Lotusblume angesiedelt, sie hält die Lotusblume, ja, ist selber die Lotusblume *padmasana, padmavati, Padma* oder *kamala.*

Der Quell aller Schönheit ist der große Gott selbst, der – wie zu Beginn gesagt – die Lotusblume in seinem Nabel trägt, er, der die ganze Welt zur Ergebenheit und Liebe zu Ihm führt. Er ist der Lotusäugige, dessen Blick den Gesegneten in seinen Bann zieht, den *pundarikakscha.*«

So weit Professor Raghavan.

»Ich will die Lampe mit Öl füllen, die auf deinem Nachttisch brennt«, sagt der Diener zur Königin in einem Gedicht von Tagore, »und ich will deinen Schemel mit Sandal und Safran schmücken.«

»Und was willst du als Lohn haben?«

»Die Erlaubnis, deine kleinen Hände zu halten,

wie zarte Lotusblüten und Blumenketten über dein Handgelenk zu streifen.«

»Deine Bitten seien dir gewährt, du sollst der Gärtner meines Blumengartens sein.«

Die sakrale Lilie

Den Ägyptern und allen vorderasiatischen Völkern war die Rose unbekannt. Die »Rose« bei Jesaja ist einer der vielen Lutherischen Übersetzungsfehler. Es können Narzisse, Fritillaria oder Herbstzeitlose gemeint sein. *Susanna*, ein hebräischer Name, der mit »Rose« übersetzt wurde, bedeutet Lilie, ebenso wie der Name der Stadt Susa in Persien vom Lilienreichtum der Gegend kommt. Die ersten Abbildungen von Lilien finden sich auf einem Wandgemälde in Amnisos, dem Hafen von Knossos (1550 v. Chr., vielleicht sogar 1750–1600 v. Chr.). Die »Lilien auf dem Felde« sind tatsächlich Lilien, obgleich Generationen von Bibelforschern und Botanikern angenommen haben, dass es sich um Anemonen handle; neue Forschungen der botanischen Abteilung der Universität Jerusalem ergaben, dass es doch Lilien (lilium candidum) waren. Andererseits ist die »Rose von Scharon« eine Wildtulpe (tulipa saronensis).

Die Lilie war schon in Assyrien das Symbol des Königtums, sie kommt bei Moses und in den Evangelien vor, bei Homer, bei Plinius und bei Vergil. Sie wurde das Symbol des römischen Thronfolgers, das Symbol der Hoffnung. Auf römischen Münzen mit dem Kopf des Thronfolgers befinden sich Lilien und die Worte: *Spes populi Romani* (Hoffnung des römischen Volkes). Die Säulen des Tempels in Jerusalem hatten Lilien- und Granatapfelkapitäle. Die Lilie war der Schmuck der Leuchter im Heiligtum, und der Stab des Engels der Verkündigung war schon in der byzantinischen Kunst mit einer Lilie gekrönt. Oberon und die Elfen halten sie als Zauberstab in den Händen.

Die Lilie hat sich nie verändert. Sie sieht auf byzantinischen Mosaiken genauso aus wie in unsern Gärten, wie auf allen Bildern der Verkündigung, mögen sie von den niederländischen Brüdern Van Eyck oder von dem Italiener Fra Filippo Lippi sein. Indessen erscheint die Rose in tausendfältiger Gestalt.

Lilie und Rose sind Katze und Hund des Pflanzenreichs. Unverändert wie die Lilie sind die Katzen seit jenen Zeiten, da ägyptische Künstler ihr ewig gültiges Abbild schufen. Die Rosen sind dauerndem Wandel unterworfen, genau wie die Hunde.

Es gibt übrigens Bilder der Verkündigung, auf denen die Lilie ohne Staubfäden dargestellt ist; wohl die äußerste Verleugnung der Natur.

Gärten waren in Jerusalem nur außerhalb der Mauern erlaubt; denn es war verboten, Dung oder sonst

Unreines in die Stadt zu bringen. Aber in Salomos Tempel waren alle Wände mit bunten Reliefs von Blumen und Palmen und Fabeltieren bedeckt.

Gärten in Vorderasien

Die hängenden Gärten in Babylon hatte Nebukadnezar angelegt, weil seine Gattin Mayitis Heimweh nach den Bergen ihrer Heimat hatte. Sie bestanden aus einer fünfzig Meter hohen und vierhundert Meter breiten Terrassenpyramide. Auf den Terrassen waren Sträucher und Bäume gepflanzt. Die Anlage, die tatsächlich einem bewaldeten Berg glich, wurde durch ein Pumpwerk aus dem Euphrat versorgt. In die Terrassen waren Zimmer und Bäder eingebaut.

Auch in Persien und Medien gab es solche Gärten mit Treppen und Wasserfällen.

An den Straßen des persischen Reichs, auf denen die königliche Post regelmäßig verkehrte, war die Landschaft zum Park (*pardes, paradeisos*) umgewandelt. Im Park lagen bequeme Jagdhäuser, Scheunen und Stallungen für den König und sein zahlreiches Gefolge, plätscherten Springbrunnen und graste das Wild. Im Park wurden die Staatsgeschäfte geführt. Immer gab es besondere Rosengärten, denn Persien war ein Rosenland. Rose und Blume war dasselbe

Wort: *gul*. Die Städte waren in Rosen gebettet, die Berge mit Rosen überzogen. Das Veilchen wurde »Rosenprophet« genannt, und ein Getränk aus Veilchen, *scherbet*, wurde später das Lieblingsgetränk aller Mohammedaner.

Gärten und Blumen wurden geliebt; sogar der große König Cyrus pflegte seinen Garten selber. Es heißt, dass die Blumenliebe von Persien nach dem Westen gekommen sei. Auch die Freude an Bäumen ist eine persische Tradition. Als Xerxes auf seinem Zug nach Griechenland einen besonders schönen Baum sah, ließ er ihn mit goldenen Ketten und Kränzen schmücken und gab ihm einen Wächter zum Schutz. So ist es nicht erstaunlich, dass es bis zum heutigen Tage eine persische Sekte gibt, die Bahais, die die Pflicht haben, wo immer sie hinkommen, Bäume zu pflanzen und Gärten zu schaffen, und es war schon davon die Rede, dass das persische Wort für Garten der Stamm des Wortes *Paradies* ist.

Griechenland

Von orientalischer Pracht konnte im kleinen Griechenland, wo man immer bescheiden war, natürlich keine Rede sein. Es gab kaum Gärten, da man sich lieber auf dem Marktplatz unterhielt, der eine Art Ersatz für das Café bildete. Man kannte

Haine, z. B. Platos Hain der *Akademie* und Aristoteles' Hain des *Lyzeums*, den er Theophrastus hinterließ. In solchen Hainen lagen die Sportplätze, standen Altäre und Statuen. Platos Hain blieb Eigentum der Akademie bis 529 n. Ch., als Kaiser Justinian ihn beschlagnahmte.

Den ersten Stadtgarten in Athen legte sich Epikur, der Philosoph der Lebensfreude, an, weil er täglich frische Rosen haben wollte. Plinius sagte darüber: »Es war nicht üblich, dass man das Land in die Stadt brachte.« Und so haben es die Romanen bis zum heutigen Tag gehalten. Epikur hatte Zitronenbäume in Kübeln, Statuen, Marmorbänke, kurzum vieles von dem, was wir auch heute noch von einem typisch italienischen Garten erwarten.

Bei Homer gibt es nur wenige Blumen (dreiundsechzig). »Auf dem Teppich der Wiese, da, wo Hyazinthe und Krokus duftend sich drängen und blühen in verworrener Fülle der Gräser.« Proserpina wurde von Pluto in die Unterwelt geholt, als sie »Narzissen und Krokus und liebliche Veilchen auf zarter Wiese« pflückte. Immer ist von Veilchen, Narzissen, Lilien, Hyazinthen die Rede. Homer erwähnt die Rose nicht. Sie kam erst später. Sappho nannte sie die Königin der Blumen. Homer spricht auch nicht von Kränzen, ganz ungewöhnlich für die kranzfreudige Antike. Denn Blumen wurden im Altertum für alle Zwecke zu Kränzen verarbeitet. Weder in Griechenland noch in Rom kannte man Schnittblumen in Vasen. Kränze waren die übliche Kopfbedeckung und das übliche Geschenk. Kränze wurden an die Tür der Geliebten gehängt und an die Tür des Hauses, in dem ein Sohn geboren war. Man trug Gewürzkränze aus Majoran, Thymian, Salbei, Lorbeer, Myrten und Safran, aber auch Kränze aus Lilien, Rosen, Veilchen, Anemonen und Narzissen. Die Sybariten, diese Lebensfreunde, bekränzten den Koch, dem ein besonders gutes Gericht gelungen war. Man kennt noch den Namen einer führenden Kranzmacherin, Glyzera, einer genialen Putzmacherin sozusagen. Der Maler Pausanias malte ihre Kränze, weil ihre Komposition von Farben, Formen und Düften etwas ganz Besonderes war. Ärzte hatten übrigens herausgefunden, welche Kränze die Kopfnerven schädlich und welche sie günstig beeinflussten. Das Tragen von goldenen Kränzen war besonders fein. An einem feierlichen Umzug in Syrien (200 v. Chr.) nahmen 3000 Leichtbewaffnete, 2000 Reiter in Purpurkleidern und 800 Jünglinge teil, alle mit goldenen Kränzen geschmückt. Blumenkränze wurden an den Tempeltüren aufgehängt. Priester und Opfertiere wurden mit Blumen bekränzt. Iphigenie trug einen Kranz, als sie in Aulis geopfert werden sollte, ebenso wie die indischen Witwen sich mit Blumen schmückten, bevor sie den Scheiterhaufen bestiegen.

Pindar nannte Athen die Veilchenbekränzte: »Veilchenblüten durchduften das Land irdischer Wonnen, und Rosen umkränzen die Stirne«. In Attika wurden Veilchen in Gärtnereien gezogen, und auch im Winter konnte man auf dem Markt von Athen Veilchenkränze kaufen. Veilchengirlanden wurden bei allen festlichen Gelegenheiten getragen. An einem bestimmten Frühlingstag wurden alle Kinder, die älter als drei Jahre waren, mit Veilchen bekränzt, eine sehr rührende Sitte, bei der ungeheuren Säuglingssterblichkeit die kleine Schar der Überlebenden zu bekränzen. Das Veilchen war in ganz Europa, bei Griechen, Galliern, Germanen, später auch bei den Mohammedanern, das Symbol der Unschuld. Beim großen Naturfest der Demeter trugen die Knaben Kränze aus Knabenkraut, das daher seinen Namen hat. Knabenkraut ist eine Orchideenart und somit, wie alle Orchideen, ein Aphrodisiakum, d. h., es erregt die Sinne.

Cyrene und Rhodos waren die Rosengärten Griechenlands.

Die Rose war schon der Aphrodite geweiht worden, als man in ihr noch eine orientalische Göttin der Fruchtbarkeit verehrte. Ihre Priesterinnen trugen weiße Rosenkränze, und die Wege, auf denen man die Götterbilder trug, wurden mit Rosen bestreut.

Pflanzen, die schon die Griechen kannten, sind Granatbaum, Ysop, Rosmarin, Salomons Siegel (Salomons Siegel siegelt die Wunden zu), Distel, deren Genuss vergnügt macht (die Artischocke ist eine Distel), und Immergrün, das als liebeerregend galt, wenn Mann und Frau es zusammen aßen. Noch heute berührt ein Mann in Nigeria eine schwangere Frau mit Immergrün und sagt: »Wenn das Kind ein Junge ist, soll er mein Freund sein, wenn es ein Mädchen ist, dann will ich es heiraten.« Maiglöckchen und Schneeglöckchen blühten in ganz Europa wild. Vom Mohn, den heute die chemischen Unkrautvertilger in den Kulturländern ausrotten, wurde geglaubt, er sei für die Fruchtbarkeit der Felder notwendig. So wurde der Demeter, der Göttin der Fruchtbarkeit, außer Gerste und Weizen auch Mohn geweiht. Mohnsamen ist ungemein fett. Griechen und Römer bestrichen das Brot mit Eigelb und streuten Mohn darauf. Auch dem Honig mengten sie ihn bei. Die Athleten aßen Mohn mit Honig und Wein, wenn sie für die Olympischen Spiele trainierten. Die Perser bestreuten ihren Reis mit Mohn. In ganz Osteuropa, von Prag und Wien an, ist Mohngebäck eine besondere Delikatesse.

Myrte und Lorbeer, die heute als die italienischen Pflanzen schlechthin erscheinen, kamen erst mit den griechischen Ansiedlern nach Italien, ebenso wie das Veilchen, von der Agave ganz zu schweigen, die 1625 aus Amerika eingeführt wurde.

Die Gärten des Osiris und des Adonis und die Sagen vom Ursprung der Blumen

Ein Ritual aus dunklen Vorzeiten war jenes für Osiris in Ägypten und für den Götterliebling Adonis in Griechenland. In Ägypten galt der Osiriskult als ein Symbol der Auferstehung, in Griechenland der Adoniskult als ein Symbol des Sterbens, obgleich man annehmen sollte, es müsse umgekehrt gewesen sein. In Ägypten wurden hohle goldene Osirisfiguren mit Sand, Graupen, mit den Samen vierzehn verschiedener Gewürze und mit vierzehn verschiedenen kostbaren Steinen gefüllt und vergraben. Wenn der Samen aufging, galt das als Auferstehung des Gottes, und man nannte solche Gefäße »Osirisgärten«.

In Griechenland wurden schnell wachsende Samen in Töpfe gesät. Sie verwelkten ebenso schnell, wie sie aufgingen. Das war das Symbol für den Tod des jugendlichen Adonis. Später wurde daraus ein Spiel für Kinder. Aber damit hatte sich der Blumentopf in Griechenland und Rom eingeführt.

Mit dem Tod des Adonis wird auch die Entstehung der roten Rose erklärt. Aphrodite eilte zu ihrem Geliebten Adonis, der, von einem Eber tödlich verwundet, in einem Hain lag. Sie durchquerte dabei eine Rosenhecke, deren weiße Blumen sich von dem Blut der Göttin rot färbten. Adonis selber wurde in eine Anemone verwandelt.

So oder ähnlich erklären alle Sagen den Ursprung der Blumen. Wo die Flöte des Orpheus hinfiel, da blühten Veilchen, wo Milchtropfen aus der Brust der Hera fielen, als sie den Herkules säugte, da sprossen Lilien. Der Gott Apollo wollte seinem Liebling Hyakinthos Unsterblichkeit verschaffen, aber Zephir, der Westwind, war eifersüchtig. Er lenkte einen eisernen Diskus auf den Kopf des Hyakinthos und tötete ihn, und wo sein Blut floss, entstand die Hyazinthe. Aus den Tränen des von Gott begnadigten und reuigen Adam erblühten Veilchen, und die Türken duldeten nicht, dass Rosenblätter auf der Erde lagen, da die weiße Rose während Mohammeds nächtlicher Himmelfahrt aus seinen Schweißtropfen entstanden war. Auch aus dem Blut von Mohammeds Schwiegersohn entsprossen wunderwirkende rote Rosen.

Der Beginn der Botanik

Immer schon schien es dem denkenden Menschen am leichtesten, an den Pflanzen dem Rätsel des Lebens nachzuspüren; dem Rätsel von Geburt und Tod, dem Rätsel der Welt und ihrer Erhaltung.

Für die westliche Welt begannen diese Fragen mit den griechischen Philosophen. Aber im Allgemeinen beobachteten die griechischen Philosophen nicht, sondern sie dachten über die Welt nach. Platos Wort:

»Denn die Welt ist das Schönste von allem Entstandenen und ihr Urheber der beste und vollkommenste von allen Meistern«, sagt fast dasselbe wie die Genesis, das erste der fünf Bücher Mosis: »Und Gott sah an alles, was er gemacht hatte, und siehe da, es war sehr gut …«. Genauso entspricht Platos Wort: »Er (der Urheber der Welt) wollte, dass alles ihm so ähnlich wie möglich würde«, den Worten der Bibel: »Und Gott schuf den Menschen sich zum Bilde.«

Die Beobachtung der Natur begann mit Aristoteles (384–322). Seine zwei botanischen Werke gingen verloren. Das Werk seines Freundes und Schülers Theophrastus jedoch (370–285) blieb erhalten. Man nimmt an, dass diese Untersuchung von vierhundertfünfzig Pflanzen eine Erweiterung der beiden verlorenen Werke des Aristoteles ist, denn viele Stellen stimmen wörtlich mit Stellen des Aristoteles überein. Theophrastus' Werk enthält eine Anatomie der Pflanzen (ohne Hilfe des Mikroskops!) und eine Aufzählung der einheimischen und wichtigeren ausländischen Pflanzenarten.

Nikolaus von Damaskus machte zurzeit von Christi Geburt einen Auszug aus den Werken des Aristoteles und des Theophrastus. Dieser Auszug wurde von Ishak ben Honain (809–877), dessen Vater ein nestorianischer Christ und Kräuterkenner war, aus dem Griechischen ins Syrische und von seinem Sohn ins Arabische übersetzt. Aus dem Arabischen wurde diese

Zusammenstellung ins Lateinische übertragen und endlich gar 1350 wieder zurück ins Griechische. Diese rückübersetzten Texte galten als »Werke des Aristoteles«. Vierhundert Jahre nach Theophrastus schrieb ein andrer Grieche, Dioskorides, eine *Materia Medica*, in der sechshundert Heilpflanzen beschrieben wurden. Dioskorides stammte aus Kleinasien, wie die anderen großen griechischen Ärzte Galen und Hippokrates. Ein Exemplar der *Materia Medica* aus dem Jahre 512 n. Chr., mit 400 ganzseitigen Malereien der besprochenen Pflanzen, befindet sich in der Wiener Bibliothek. Diese Malereien sind von einer Schönheit, wie sie erst wieder in der Renaissance erreicht wurde.

Genauso, wie elf Jahrhunderte später *Die Girlande der Julia* von einem bedeutenden Maler als Angebinde für eine große Dame geschaffen wurde, so war diese Handschrift für Juliana Anicia, die Tochter eines Kaisers von Ostrom, bestimmt.

(In Neapel gibt es eine weniger schöne Handschrift aus dem 7. Jahrhundert. Eine Handschrift aus anderem griechischem Material, etwa um das Jahr 800 zusammengestellt, befand sich in Monte Cassino, wo sie im letzten Krieg vernichtet wurde. Das nebenbei.)

Die lateinische Übersetzung der genannten Werke hatte im Mittelalter eine unermessliche Wirkung, von der man sich in unsrer von Büchern übersättigten Welt kaum mehr eine Vorstellung machen kann. Jahrhunderte hindurch wurden beide Werke abgeschrieben, übersetzt, bearbeitet, in Auszügen verbreitet. Generationen von gewissenhaften und fleißigen Ärzten haben sich mit nichts als mit der Erklärung und Auslegung des Dioskorides beschäftigt, und noch die ersten Botaniker, die Deutsche waren, glaubten 1500 Jahre später, also nach der Renaissance, dass alle Blumen, die sie fanden, im Dioskorides verzeichnet sein müssten, und dass alle Blumen, die Dioskorides gefunden hatte, auch am Rhein wachsen müssten. Aber die Wirkung des Aristoteles war noch grandioser. Tausend Jahre – was sage ich, fast zwei Jahrtausende hat dieser universale Geist, dieser Lehrer Alexanders des Großen, die abendländische und die morgenländische Welt beherrscht.

Aristoteles hat die Grundtatsachen des Lebens festgestellt: sich fortpflanzen und Nahrung aufnehmen. »Denn die natürlichste Verrichtung aller wohlausgebildeten lebenden Wesen – wenn sie nicht Krüppel sind oder durch Urzeugung entstanden sind –«, schreibt er, »ist die, ein Neues hervorzubringen, das ihresgleichen ist, das Tier ein Tier, die Pflanze eine

Pflanze, um am Ewigen und Göttlichen teilzuhaben. Denn danach strebt alles. Deswegen ist tätig, was immer von Natur tätig sein kann. Durch die Empfindung unterscheidet sich Tier von Nichttier. Jede Pflanze hat nur eine Seele, dennoch leben die Pflanzen fort, wenn man sie teilt. Demnach scheinen die Geteilten der Art nach dieselbe Seele zu haben. Sie finden ihre Nahrung in der Erde und brauchen sie nicht im Magen herumzutragen wie die Tiere. Die Gefäße der Tiere ziehen den Nahrungssaft aus dem Magen, die Wurzeln der Gewächse ihren Nahrungssaft aus der Erde. Die Blätter dienen zur Einhüllung der Früchte. Die Blüten sind, wie das Hochzeitskleid der Vögel, das Zeichen der beginnenden Fruchtbarkeit.«

»Während bei allen Tieren, die sich fortbewegen können, das Männliche vom Weiblichen getrennt ist, nämlich ein Tier männlich, das andere weiblich ist, sind diese Kräfte bei den Pflanzen vermischt, und das Männliche ist vom Weiblichen nicht zu scheiden. Aus dieser Vereinigung entsteht die Frucht.«

»Die Austern unterscheiden sich ihrer Natur nach wenig von den Pflanzen, doch sind sie tierähnlicher als die Schwämme. Die haben ganz das Wesen einer Pflanze. Denn ununterbrochen gibt es Übergänge in der Natur vom Unbeseelten bis zu den Tieren über Geschöpfe, die zwar schon leben, aber noch nicht Tiere sind. Aufeinanderfolgende Stufen unterscheiden sich sehr wenig voneinander.«

»Wir sagen, das Beseelte unterscheidet sich von dem Unbeseelten durch das Leben. Denken, Empfinden, Sichbewegen sind Lebenserscheinungen, aber das Leben in seiner einfachsten Form besteht nur aus Sichernähren, Wachsen und Vergehen.«

»Die Seele ist die Ursache und der Grund des Lebens. Von ihr wird jede Lebenstätigkeit veranlasst, ihretwegen geschieht sie, und aus ihr besteht das Wesen des lebendigen Körpers.«

Aristoteles hat schon das größte aller Wunder beobachtet: das Entstehen neuer Pflanzen aus Samen, aus geteilten Wurzeln, aus Ausläufern alter Pflanzen, ja aus Zweigen, wenn sie die Erde berühren. Er hat beobachtet, dass Bodenart, Pflege und Klima von großem Einfluss sind. Er hat die Entwicklung, die Wurzelbildung, die Belaubung und das Fruchttragen der Pflanzen und die Möglichkeit des Pfropfens mit dem menschlichen Organismus verglichen und beide aus dem allgemeinen Prinzip der Wärme und der Kälte zu erklären versucht. Er pflanzte einen Baum verkehrt ein und erhielt nach ein paar Jahren einen völlig normalen Baum. Theophrastus beschreibt die Zucht von Rosen aus Samen und ihre Vermehrung durch Stecklinge.

Es gibt auch Irrtümer. Wie könnte das auch anders sein bei Menschen, die ohne jedes wissenschaftliche Hilfswerkzeug die grundlegenden Werke der europäischen Pflanzenkunde geschaffen haben?

»Von allen Tieren werden zweifellos die Menschen am häufigsten kahlköpfig. Auch unter den Pflanzen sind einige immergrün, andre werfen ihr Laub ab, und unter den Vögeln mausern sich die Winterschläfer.« Oder: »Den Winter hindurch häufen die Pflanzen Bildungsstoff auf und sind gleichsam schwanger, und so bringen sie im Frühjahr ihre Jahrestriebe hervor.« Aber in Wirklichkeit werden die Blätter für das nächste Jahr im vorhergehenden Sommer gebildet, wie jeder im Herbst erkennen kann. Das ist ein merkwürdiger Irrtum für diesen genialen Beobachter.

Theophrastus hat die Zierblumen, die das ganze Mittelalter hindurch als Kranzblumen bezeichnet wurden, danach eingeteilt, ob man ihre Blätter oder ihre Blumen verwendete.

Aristoteles und Theophrastus haben gegen den üblichen Aberglauben gekämpft: »Wenn einige behaupten, aus Gerste entstehe Weizen und aus Weizen Gerste, und zwar auf demselben Feld, so ist das eine Fabel.« Oder: »Dass man Medizinpflanzen vom Winde abgewandt und mit Öl gesalbt oder nachts graben müsse, weil sonst der Leib anschwelle, scheint Unsinn zu sein.«

Aristoteles, ein freier Schriftsteller

Aristoteles war ein freier Lehrer, wo immer man Griechisch verstand. Er wurde der Lehrer des dreizehnjährigen Alexander des Großen. Alexander half ihm später, sich eine große Bibliothek anzulegen, und unterstützte durch Sendung von Tieren seine zoologischen Studien. Es gab keinen Zweig des Wissens, den Aristoteles nicht bereichert oder für den er nicht – wie für die Botanik – die Grundlagen geschaffen hat. Er hat das Universum für eine Kugel gehalten, in der sich die Erde, ebenfalls eine Kugel, bewege. Er hat der ursprünglich wohl chaldäischen Idee der sieben Planetensphären jene poetische Form gegeben, die das ganze Mittelalter beherrscht hat.

Nach dem Tod Alexanders wurde Aristoteles als dessen Freund, Freund also des »Mazedoniers«, von den Griechen wegen Gottlosigkeit angeklagt. Und doch gibt es nichts Frömmeres als seine Philosophie: »Gott ist die selbst unbewegte Ursache aller Bewegung und damit allen Lebens. Gott ist ewig, immateriell, unveränderlich, leidenlos. Gott ist die stofflose Form, und die Materie ist der formlose Stoff; Endpunkte, zwischen denen alle aus Form und Stoff gemischten Dinge aufsteigen, vom Leblosen zum Lebendigen, vom bloß ernährenden Prinzip der Pflanzen zum empfindenden des Tieres und schließlich zum denkenden des Menschen.«

Aristoteles floh nach Euböa, um dem Schicksal des Sokrates zu entgehen, den die Athener aus dem gleichen Grunde zum Tode verurteilt hatten.

Er floh nicht zum ersten Mal in seinem schweren Leben. Mit Plato hat er nicht gut gestanden. Er gehörte nicht in diesen merkwürdigen Kreis der Jünglingsliebe. Und wie hätte der große Naturforscher etwas für Sokrates übrig haben können, der gesagt hat: »Land und Bäume lehren mich gar nichts?« Der Freund, der ihm in seiner Jugend am nächsten stand, wurde umgebracht, mit Alexander dem Großen entzweite er sich, als dieser einen seiner Schüler tötete. Aristoteles setzte seine Lehrtätigkeit in Euböa fort, starb aber dreiundsechzigjährig noch im selben Jahr.

Ein kleiner Einschub zur Geschichte unserer Epoche

Diese, wie ich hoffe, verständlichen Aristoteles-Zitate sind einem Buch entnommen, das zu den Glanzleistungen deutscher wissenschaftlicher Arbeit gehört, nämlich der *Geschichte der Botanik* von Ernst Meyer, erschienen in Königsberg 1854.

Seine Arbeit über Aristoteles stützte sich auf die Arbeiten von J. Bekker und Brandis. Die preußische Akademie der Wissenschaften hatte um 1825 diese zwei Gelehrten ausgesandt. Sie untersuchten die gesamte griechische und lateinische Originalliteratur nach echten Aristoteles-Zitaten. Sie verglichen die Handschriften. Bekker bearbeitete die griechischen Texte, Brandis die lateinischen. Alle verstreuten Stellen wurden gesammelt und in griechischer bzw. lateinischer Sprache veröffentlicht. Meyer ist es gewesen, der dieses schwer zugängliche und schwer verständliche Material zuerst ins Deutsche übersetzte. Meyer nahm sich das Leben, und sein bewunderungswürdiges Werk blieb ein Fragment. Sein Schüler F. W. Jessen vollendete und verkürzte das Meyer'sche Buch, und die Kurzfassung erschien als *Botanik der Gegenwart und der Vorzeit* bei Brockhaus 1864.

Es ist erstaunlich, wie sich die Atmosphäre eines Landes in jeder geistigen Äußerung kundtut. Meyer ragte noch aus der Goethezeit herüber (er wurde 1791 geboren). Goethe nannte ihn »mit Bewunderung« (1827, Eckermann). Meyers Buch ist eine Verbindung von mühseliger Quellenforschung mit großartiger Darstellung, für die die deutschen Gelehrten mit Recht berühmt waren. Jessens Buch von 1864 weist bereits Spuren eines Nationalismus auf, der keinen Maßstab kennt. So schrieb er z. B.: »Ein Deutscher (er meint Albert den Großen) war dem Aristoteles an Geistesgröße, an Umfang gelehrter Kenntnisse und an schriftstellerischer Tätigkeit durchaus ebenbürtig.« Man muss den, wie mir scheint, rührenden Aufruf Meyers zur Veröffentlichung der Werke des Albertus Magnus vergleichen, um die Veränderung der deutschen Geistesverfassung zwischen 1854 und 1864 zu erkennen:

Nach zwei von einem Betrüger untergeschobenen Zauberbüchern beurteilte und verurteilte man Albert, den Botaniker. Sein echtes Werk modert in den Bibliotheken. Eine neue berichtigte Ausgabe derselben ist demnach eine Ehrenschuld, die den Manen unseres großen schmählich verkannten Landsmannes endlich einmal entrichtet werden muss …

Es werden 200 Subskribenten gesucht. Voraussichtlich wird das Werk 30 Druckbogen umfassen und bei diesem Umfang den Preis von 2 Thalern 20 Silbergroschen pro Exemplar nicht übersteigen.

Gebr. Borngräber, Königsberg
22. Oktober 1857

Aber damit ist die Geschichte dieser beiden Werke noch nicht zu Ende.

Als ich im Londoner Naturkundemuseum nach Material für das vorliegende Buch suchte, machte mich die freundliche Bibliothekarin auf ein deutsches Buch aufmerksam, herausgegeben von »Pallas« Waltham, Mass., USA, 1948. Es war der Jessen mit folgendem Vorwort von Frans Verdoorn:

Vor vielen Jahren hat Dr. H. Uittieu, Professor für Botanik an der Utrechter Universität, meine Aufmerksamkeit auf Jessens Geschichte gelenkt. Ich habe sie öfter als jede andere Geschichte der scientia amabilis benutzt. Uittieu wurde 1944 von den Nazis brutal ermordet. (Siehe seine Biographie von Laujow in Chron. Bot. 11.) Wir weihen den ersten Band von Pallas seinem Andenken, wie Demoustier schrieb:

Plus modeste dans ses bienfaits
Pallas, préférant le bonheur à la gloire
Fit naître l'olivier, symbole de la paix
Et Pallas obtint la Victoire.

Hier ist der ganze Wahnsinn in ein paar Sätzen: Ein Deutscher schreibt ein grundlegendes Buch, vielen zur Freude, er nimmt sich das Leben. Sein Schüler gibt eine verkürzte Ausgabe heraus, und – beide Bücher werden vergessen. Aber da sitzt ein Mann in Holland, der liebt dieses Buch, empfiehlt es einem Amerikaner und wird umgebracht von dem Volk, zu dessen Ruhm er beigetragen hat. Zur Erinnerung an ihn gibt der Amerikaner das Buch neu heraus. Zur Erinnerung an einen von Deutschen Ermordeten veröffentlicht er ein deutsches Buch.

Rosen in Rom: Vom rauen Römertum zur Rosennarretei

Nicht ein Lorbeerkranz, sondern ein Kranz aus Rosen wurde in der römischen Republik als Orden für Kriegstaten verliehen. Es war eine hohe Auszeichnung für Scipio Africanus, dass auf dem Schild der achten Legion, mit der er Afrika erobert hatte, eine Rose abgebildet werden durfte. Der Zensor Cato rügte mit gewohnter Strenge die Entwertung dieser Auszeichnung, als der Rosenkranz für leichte Erfolge verliehen wurde. Er verlangte aber, dass in allen Privatgärten Kranz- und Girlandenblumen gepflanzt würden. In Zeiten von Gefahr für den Staat durften keine Rosenkränze getragen werden. Im zweiten Punischen Krieg, also noch in den Zeiten des rauen Römertums, kam der Geldwechsler Lucius Flavius kraft eines Senatsbeschlusses ins Gefängnis, als er sich unterfing, bei hellem Tage aus seiner Bude mit einem Rosenkranz auf dem Kopf auf das Forum hinauszusehen. Man fand die Griechen weichlich, weil ihre Jünglinge schon am hellen Vormittag mit einem Kranz herumliefen. In der späten Republik wurden Blumenkränze zum Gegenstand des täglichen Bedarfs, den man auf dem römischen Blumenmarkt fertig kaufen konnte. Die teuren römischen Rosenkränze bestanden aus Rosenblättern, die schuppenartig auf Lindenbast aufgenäht wurden und einen dicken Wulst bildeten. Man unterschied früh *rosarium* = Rosengarten und *rosetum* = Rosenzüchterei. Eine Rosenzüchterei war ein gutes Geschäft, denn das Okulieren von Rosen auf Wildrosen war bekannt.

Ganz allgemein traten die Jünglinge nun rosenbekränzt in den Rat der Alten, und rosenbekränzt zogen sie in die Schlacht. Rosen wurden dem Sieger zugeworfen und bekränzten den Triumphwagen.

Die Tradition des Festes als Bestandteil des täglichen Lebens hielt sich in Italien so lange, dass es dort noch im 19. Jahrhundert die *festaroli* gab, hauptberufliche Girlanden- und Festdekorationshersteller.

Überall da, wohin die Römer kamen, brachten sie die Narzisse mit. Römische Siedlungsgebiete in England erkannte man lange Zeit am Vorkommen einer roten Glockenblume, die aussieht wie eine Urhyazinthe, aber heutzutage blau oder weiß ist. Die rote Abart lieferte eine Stärke, mit der noch um 1600 die gewaltigen Halskrausen der feinen Welt gestärkt wurden.

Zu Plinius' Zeiten legten sich römische Familien den Namen der Blumen bei, die ein Familienmitglied besonders gut gepflegt hatte, im Gegensatz zu der Sitte der letzten Jahrhunderte, Blumen nach hervorragenden Botanikern zu nennen.

Unter Kaiser Augustus waren Rosen lebenswichtig geworden für Haus- und Tafeldekoration, auch als Grabschmuck dienten sie. Aber im Wesentlichen war die Rose die Blume der Liebe und der Festesfreude. Alt und jung trug Rosenkränze beim Essen und beim Tanz. Liebende sandten sich Rosenkränze, die Sklaven, die die Gerichte reichten, der Weinschenk, die Flötenspieler, die Musikanten, die Tänzerinnen, alle trugen Rosenkränze.

»Lasst uns mit Rosen kränzen das Haupt«, dichtete Anakreon. Die Trinkschalen waren mit Rosen bekränzt und man nahm Rosenblätter aus dem Kranz und tat sie in den Wein, wenn man auf seines Freundes Gesundheit trank. Der Wein war parfümiert, genauso parfümiert wie die Speisenden.

Man aß auch Blumen. Man bereitete Rosengelee und Rosenhonig und verzuckerte Rosenblätter, und hier ist das Rezept eines antiken Rosenpuddings: »Rosenblätter werden im Mörser zerstoßen, durch ein Sieb gequetscht, dazu vier Kalbshirne, Pfeffer, Salz, acht Eier, einundeinhalb Gläser guten Weins, ein paar Löffel Öl, das Ganze in einer mit Öl ausgestrichenen Puddingform im Ofen gebacken.« Man trank Rosenwein. Dazu flossen aus Kuchen und Obst bei der geringsten Berührung Parfüms, meist in Wein aufgelöster Safran. Man verzuckerte Veilchen und aß gebratene junge Veilchenblätter mit Zitronen- und Orangenscheiben. Vergil und Ovid priesen die zweimal blühenden Rosen von Pästum, unter denen massenhaft Veilchen wuchsen. Man fuhr zur Rosenblüte nach Pästum wie die Berliner zur Baumblüte nach

Werder fuhren oder wie man von Hannover zu Beginn des 19. Jahrhunderts am Pfingstmontag zur Maiglöckchenblüte nach Eilenriede fuhr, wo es Kaffee gab und Musik, die zum Tanz aufspielte.

Als der Luxus immer mehr zunahm, verachtete man Rosen im Sommer. Der Philosoph Seneca klagte, dass man sie im Winter haben wolle. Ganze Schiffsladungen kamen aus Alexandrien und Neu-Karthago. Bei Rom entstanden Treibhäuser, die mit Marienglas gedeckt waren und durch Warmwasserröhren geheizt wurden, so dass Rosen und Lilien im Dezember blühten. Man erreichte dieses vorzeitige Blühen auch, indem man einen zwei Hände breiten Graben um die Pflanzen schaufelte und zweimal täglich warmes Wasser hineingoss. Es gab Winterkränze aus künstlich gefärbten Hornspänen. Crassus war der Erste, der Kränze aus vergoldeten Blättern verschenkte.

Der Statthalter von Sizilien, Verres, wurde von den Sizilianern angeklagt, sechs Millionen Mark von ihnen erpresst zu haben. Im Prozess gab Cicero als Vertreter der Sizilianer folgendes hübsche Zeitbild: »Als unser Feldherr Verres seine Residenz in Syrakus aufgeschlagen hatte, ließ er sich in einer Sänfte umhertragen, in welcher die Polster mit Rosen ausgestopft waren. Dabei hatte er einen Kranz von Rosen auf dem Kopf, einen um den Hals, und vor die Nase hielt er sich ein aus ganz zarten Leinenfäden gestricktes, engmaschiges, mit Rosen gefülltes Netzchen.«

Dieser späte Rosenluxus kam aus Ägypten, wo zu Kleopatras Zeiten die Rose populärer als die Lotusblume geworden war. Als Kleopatra Mark Anton verführen wollte, bewirtete sie ihn in einem Zimmer, dessen Boden eine Elle hoch mit Rosen bedeckt war, was man sich übrigens kaum als angenehm vorstellen kann, wenn auch die Rosen mit einem Netz überspannt waren, damit man sich nicht mit den Füßen verhedderte. Auch die Betten, auf denen die Speisenden nach römischer Sitte lagen, hatten rosengefüllte Matratzen und als Kissen Netzbeutel voll Rosen. Und natürlich trugen alle Anwesenden Rosenkränze. Kleopatra ließ sogar einen See mit Rosen bestreuen. Bei Neros Gelagen fielen Rosenblätter auf die Speisenden herab, und Rosenduft wehte über sie hin. Sueton erzählt, dass zum Schmuck einer einzigen Mahlzeit für 90 000 Mark Rosen gekauft wurden, was freilich bescheiden ist gegenüber den 600 000 Mark, die ein Freund Neros bei einem einzigen Fest für Rosen ausgab.

Man bildete sich ein, dass Rosen – und besonders Krokuskränze – gegen Trunkenheit schützten, was man übrigens noch 1650 glaubte. Die Springbrunnen waren mit Rosenwasser gefüllt. Mit Safran, Raute und Rosen wurden im kaiserlichen Rom die Straßen bestreut, die Zimmer und Theater parfümiert. Traurig heißt es einmal: »Nicht umwallten das Rund des Theaters faltige Decken, nicht mit Krokus ward festlich die Bühne besprengt.« Zurzeit Kaiser Hadrians wurde über die Stufen der Theater in Wein gelöster Safran gegossen. Safran ist ein arabisches Wort, aber die Etymologie von Krokus, der den Safran liefert, reicht tiefer in die europäische Vergangenheit zurück als die der meisten Pflanzen. Im Sanskrit heißt der Safran Kunkuma, hebräisch Carcon, griechisch Krokos. Zu Beginn der römischen Kaiserzeit wurde sehr viel Krokus angepflanzt. Für ein Kilo Safran benötigte man siebzig- bis achtzigtausend Pflanzen.

Die Raute wurde bis ins 18. Jahrhundert zum Bestreuen des Bodens, besonders in den Gerichten, benutzt. Die Raute ist ein seltsames Kraut mit grauen Blättern, denen das »Kreuz« der Spielkarten nachgebildet wurde. Sie hat einen scharfen Geruch. Heute gilt sie als das beste Heilmittel bei Hühnerkrankheiten.

Horaz klagte, dass die fruchtbaren Äcker Italiens in Rosengärten verwandelt und die Olivenhaine vernachlässigt würden, um Rosen, Veilchen und Myrten zu ziehen, und er rühmte sich, dass ihm ein bescheidenes Myrtenkränzlein genüge, wenn er zufrieden sein Glas Wein in seiner Laube trinke, dass ihm der persische Luxus zuwider sei, diese kostbaren Kränze aus Rosenblättern, die auf Lindenbast geheftet werden. Und Plinius schrieb: »Heute aber nimmt man den Stoff zu Kränzen aus Indien oder aus Ländern, die noch jenseits von Indien liegen. Als die herrlichsten Kränze gelten die aus Nardenblättern oder die mit bunten Seidenstoffen durchflochtenen, von wohlriechenden Salben triefenden. So weit geht jetzt die Verschwendung der Weiber!« (Die Narde wächst im mittleren Himalaja.) Und Martial bemerkte bitter: »Sendet uns Korn, ihr Ägypter, wir werden euch Rosen dafür schicken.«

Das Überhandnehmen der Blumen war auch deshalb so gefährlich, weil das Volk seine Nahrung aus dem Garten bezog. Die Römer kannten schon alle unsere Gemüse.

Aber wie immer und überall zogen die Bußprediger den Kürzeren. Ein Herr Lucius Aelius Virus ließ sich eine neue Art von Bett machen, das von einem rosengefüllten Netz umgeben war, und er schlief unter einer Decke von Lilienblättern, nachdem er sich mit persischen Salben parfümiert hatte.

Auf den Lustjachten der römischen Kaiser gab es Blumenbeete, die mit Blei ausgekleidet waren, Weinstöcke zwischen den Stühlen sowie Schwimmbassins und Plätze für Ringer.

Zur Zeit des Kaisers Domitian war der Rosenduft in den Straßen Roms betäubend. Heliogabal badete in Rosenwein. Er ließ die öffentlichen Bäder mit Rosenwasser füllen. Und schließlich bildeten Rosen, Lilien, Narzissen, Veilchen und Hyazinthen den Teppich, auf dem er seine Orgien feierte und seine betrunkenen Gäste mit Rosen und Veilchen zum Spaß ersticken ließ.

Die römischen Gärten

Die römischen Stadtgärten waren klein, von Mauern umgeben. Auf die Mauern waren Fresken gemalt, die den Garten größer erscheinen ließen. Der Garten des Sallust in Pompeji zum Beispiel hatte an der Schmalseite einen Sitzplatz unter einer Pergola. An den zwei Längsseiten standen schmale Steintröge, in denen Blumen wuchsen. Über einem dieser Tröge war die Wand bemalt und ein Brunnen eingelassen, hinter dem anderen zog sich eine Säulenreihe hin. Es wurde schon viel geschnittener Buchsbaum verwendet.

In der Kaiserzeit wurden die Gärten immer luxuriöser. Der Schlemmer Lukullus, der den Kirschbaum nach Italien gebracht hat, besaß überall Gärten, einen auf dem Monte Pincio in Rom mit märchenhaften Alleen von Obstbäumen über blühenden Blumenbeeten, andere mit Aussichtstürmen in Tusculum. In Bajä bei Neapel hatte er für seinen Garten Berge durchstechen, Kanäle und Seen anlegen lassen und das Meerwasser in einen Fischteich geleitet. Es heißt, er habe im Meer selber einen Palast gebaut. Er verglich sich mit einem Storch oder Kranich, der zu jeder Jahreszeit eine andere Wohnung beziehen könne.

Plinius (der Jüngere, 62–114 n. Chr.) gibt uns eine genaue Beschreibung seines eigenen Gartens, der auch eine Rennbahn enthielt, ein Hippodrom: »Die

Rennbahn ist von Platanen umgeben, die der dauerhafte Efeu bewächst, der sich von Baum zu Baum schwingt. Der höher gelegene Weg um die Rennbahn ist von Zypressen begleitet. Im hellen Sonnenschein wachsen Rosen. Am gerundeten Ende steht eine Marmorbank, von Weinreben beschattet, die sich um vier Marmorsäulen ranken. Aus der Bank kommen Röhren, die Wasser in ein Marmorbecken gießen. Das Becken ist so kunstvoll gemacht, dass es voll ist, ohne je überzufließen. Dem Becken gegenüber steht ein Springbrunnen und ein Lusthaus, um das sich Reben freundlich ranken. Man ruht hier wie im Walde, ist aber sicher vor Regen.« Der Garten des Plinius hatte einen Rasenplatz, in den runde, lange und gewellte, mit Buchsbaum eingefasste Blumenbeete eingelassen waren. Der Buchsbaum wurde in Figuren geschnitten, zwischen jeder Figur stand eine Fontäne. Ja, sogar der Name *Plinius* und der seines Gärtners waren in Buchs geschnitten. Obstbäume waren zu Pyramiden geformt. Überall gab es Marmorsitze, und neben jedem Marmorsitz stand ein kleiner Brunnen. Ein Pfad führte zwischen geschnittenen grünen Wänden hin. »Das Ganze ist von einer Mauer umgeben, die treppenförmig gezogener Buchs dem Auge verbirgt.«

Mit dem Abschreiben von den großen Griechen begann schon der ältere Plinius (23–79 n. Chr.). Ein Jahrtausend hindurch ging das so weiter. Seine siebenunddreißig Bücher über alles, was zu seiner Zeit über die Natur bekannt war, sind weitgehend eine Zusammenstellung der grundlegenden Werke der Griechen. Wir wissen genau, wie Plinius an diesen siebenunddreißig Büchern arbeitete: Während er auf seinem marmornen Speisebett lag und aß oder während er spazieren ging, ließ er sich vorlesen und diktierte. Plinius war ein reicher Mann. Sein Werk widmete er dem Sohn des Kaisers Vespasian, da er seine wissenschaftliche Tätigkeit im Staatsdienst ausgeübt hatte. Für den umfassendsten griechischen Geist, für Aristoteles, hatte es kein marmornes Speisebett, keinen Rosengarten gegeben; er war ein freier Lehrer und er starb in der Verbannung.

Die Römer hielten sich syrische Gärtner, wie sich die Griechen orientalische Diener nahmen, um ihre Betten zu machen. In Timgad in Afrika, einer römischen Kolonie, hat man Reihen von wellenförmig sich schlängelnden Mäuerchen gefunden, zwischen die man Erde gefüllt hatte, um Blumen darin zu ziehen. Solch kleine Mauern habe ich auch in Zentralamerika gesehen, in der alten Hauptstadt Guatemalas, dem spanischen Antigua – die einen sind natürliche Abkömmlinge der anderen.

Den königlichsten oder besser: den kaiserlichsten aller Gärten ließ Kaiser Hadrian bei Tivoli anlegen. Er sammelte dort Erinnerungen aus der ganzen römischen Welt. Dieser Garten war genauso historisierend wie die Bauten des 19. Jahrhunderts oder wie die englischen Gärten des 18. Jahrhunderts mit ihren chinesischen und römischen Tempeln und gotischen Ruinen. Dort befanden sich eine lateinische und eine griechische Bibliothek, einige Prunksäle für Empfänge, Nachbildungen des Lyzeums, der Akademie und des Prytaneion, eines Kuppelbaus, den Solon auf dem Markt von Athen errichtet hatte. An einem Wasserlauf standen ägyptische Denkmäler. Hadrian ließ die Landschaft von Thrazien nachbilden. Ein Teil des Gartens war der heitere Hain des Elysiums, ein anderer der düstere Hain der Unterwelt. Auf einem künstlichen See ließ sich der Kaiser Seeschlachten mit Miniaturschiffen vorführen. Dieser Garten des Hadrian war bis zum heutigen Tage eine Fundgrube für römische Statuen. Zur Zeit der Renaissance hatte sich zunächst der römische Adel damit gut eingedeckt, später kamen die Museen Italiens und die der Welt daran; noch 1955 wurden Kopien des Polyklet und des Phidias dort gefunden.

Bedeutungswandel der Rosen, Florafest und 1. Mai

Flora, die Göttin der Blumen, wurde längst vor der Gründung der Stadt Rom von den Sabinern verehrt. Seit 516 – nach der Gründung der Stadt Rom – wurde vom 28. April bis zum 3. Mai das Fest der Flora gefeiert. Es gab auch im Mai und Juni Rosenfeste mit Festmählern, bei denen den Teilnehmern Rosen überreicht wurden. Auch die Gräber wurden dann mit Rosen geschmückt.

Florafeste wurden noch immer, bis an die östliche Donau, gefeiert, als die ersten Christen schon den ganzen gigantischen Rosenluxus verdammten. Die Rose erschien ihnen verwerflich. Sie duldeten keine Rosen mehr auf Gräbern. Die Kirchenväter verboten auch die Myrtenkränze; denn die Myrte war die Blume der Aphrodite.

Der Rosengarten oder Rosenhain war identisch mit dem Venusberg, und die Hexen waren Hain- oder Hagbesucherinnen. Auch bei den Juden waren öffentliche Gärten verboten, weil sie bei den Heiden zu unsittlichen Vergnügungen dienten, und es ist bemerkenswert, dass in England, mit seiner stark puritanischen Tradition, die meisten Parkanlagen aus demselben Grund am Abend verschlossen wurden. Aber auch die Pariser Gärten werden abends geschlossen. Eine puritanische Sekte, die *Cockelers*, die noch heute als ungewöhnlich anständige und wohlhabende Leute leben, verboten nicht nur, wie die anderen Puritaner, Theater, Tanz und weltliche Musik, sondern auch die Blumen. Man muss zugeben, dass das nur logisch ist, da ja die Blumen vergnügen.

Aber wie immer und überall erwies sich die Tradition als stärker, und bald weihte man der Jungfrau

Maria die geheimnisvolle Rose, die man früher der Venus geweiht hatte. Die *Rosa Mystica* wurde Maria selber. Aus dem Tempel des Jupiter Capitolinus wurde Sankt Peter, aus dem Tempel der Juno Lucina: St. Maria Maggiore, und die Prozessionen mit der Mutter Gottes wandelten über Rosenblätter wie die Prozessionen, in denen früher die Götterbilder getragen worden waren. Kurz nachdem es verboten war, Rosen auf Gräber zu pflanzen, berichteten Legenden, dass aus Gräbern Rosen wüchsen, wie ja auch im Brotkorb von St. Nikolaus Rosen erschienen, und dass der Erzengel Gabriel aus 150 Rosen drei Kränze für Maria gewunden habe. Die roten Rosen wurden nun das Sinnbild für die Schmerzen Marias, wie sie früher das Sinnbild für die Schmerzen der Aphrodite gewesen waren. Die weißen Rosen wurden zum Zeichen der Freuden Marias, und die goldene Rose stellte Maria in ihrer Glorie dar. Rosen schmückten die Kirchen, Rosen dienten als Symbol des Martyriums. Die rosengeschmückte Isis mit dem Horusknaben wurde Maria mit dem Jesuskind. Und alles ging so durcheinander, dass Isidor von Pelusium (440 n. Chr.) seufzen konnte: »Es sollte doch mehr Unterschied sein zwischen der Magna Mater der Heiden und unserer Magna Mater Maria.«

Die Scholastik erfand den Ursprung der Rose aus den Blutstropfen Christi, die auf einen Dornbusch fielen. Von der Passionsblume sagt das Volkslied, sie sei »dem Schädelberg entsprossen, als man gekreuzigt hat den Gottessohn und dort sein welterlösend Blut geflossen«.

Erst im 6. Jahrhundert schuf die Kirche den eigentlichen Marienkult. Die Rose wurde die liebliche Blume des Stammes David, dem der Heiland und seine Mutter entspross. Die gottgeweihten Jungfrauen hießen Rosen.

Nicht nur die Rose wechselte ihre Bedeutung, sondern zum Beispiel auch die Stechpalme. Die Druiden verteilten bei dem großen Dezemberfest aller heidnischen Kelten Stechpalmen, die voller roter Beeren hingen. Die Stechpalme ist die Weihnachtspflanze der Britischen Inseln geblieben. Ihre Zweige werden auf der Straße verkauft, und die Blumengeschäfte Londons überbieten sich in Stechpalmendekorationen für den Weihnachtstisch. Genau wie die Rose wurde auch der keltische Mistelzweig von der Kirche verboten, da er bei den Fruchtbarkeitsriten benutzt wurde, und die Sitte, dass man sich unter dem Mistelzweig küssen darf, ist ein zivilisierter Rest der uralten Fruchtbarkeitsriten. Der Mistelzweig ist noch heute in England ein Weihnachtsschmuck. Der deutsche Prinzgemahl der Queen Victoria versuchte den Tannenbaum als Weihnachtsbaum einzuführen, aber mit geringem Erfolg.

Der Brauch des Festes der Flora verbreitete sich im ganzen römischen Weltreich. Überall begaben sich die

Leute um den 1. Mai hinaus in die Natur. Ob London oder ein bayerisches Dorf, man tanzte um den Maibaum. Es scheint auch, als wäre der *Dies Rosae*, der Rosentag am 11. Mai, zum Pfingstfest geworden. Noch im 19. Jahrhundert nannte der römische Volksmund Pfingsten *Pasqua Rosa.* Wie bei den Gastmählern der römischen Kaiser ließ man am *Domenica de Rosa* Rosen aus der Höhe der Kirche herabfallen.

In Illyrien und auf dem Balkan wurden weiterhin Rosenfeste gefeiert, und aus diesem Frühlingsfest, das mit Pfingsten in Verbindung gebracht wurde, entwickelte sich bei Serben, Slowenen und Russen das Naturfest *Rusalija.* Es ging die Sage, um diese Zeit belebten Feen Feld und Flur und spendeten Fruchtbarkeit. In Palermo wird das Rosenfest der Jungfrau Maria geweiht. In England bewahrten im 19. Jahrhundert nur noch die Schornsteinfeger die Tradition der Floralien, des 1. Mai, den sie als ihren speziellen Feiertag betrachteten.

Man vergaß auch, dass die Myrte die Blume der Aphrodite war, und am 17. Januar 1789 ließ der Papst die Straßen Roms mit Myrten bestreuen.

1208 wurde die Gebetsschnur vom Heiligen Dominikus als Rosenkranz bezeichnet. Schließlich gründete der Papst den Orden der goldenen Tugendrose. Papst Johann XXIII. segnete sie auf dem Konzil zu Konstanz und verlieh sie dem Kaiser Sigismund. Papst Urban V. verlieh sie 1367 der Johanna von Sizilien, dieser guten Dame, die ihren Gemahl erdrosselt hatte. Empfänger der Tugendrose waren Friedrich der Weise von Sachsen, Eugenie, die Gemahlin Napoleons III., Kaiserin Charlotte von Mexiko. Die letzte Empfängerin wurde 1867 die Königin Isabella von Spanien.

Auch der Protestantismus kennt das uralte Symbol der Aphrodite, und Luther führte eine Rose im Siegel mit der Umschrift:

Ein Christenherz auf Rosen geht,
wenn's mitten unterm Kreuze steht.

Manchmal aber brach der antike Glaube wieder durch. In Nîmes hießen noch im vorigen Jahrhundert die Freudenmädchen *Rosen* und mussten als Abzeichen Rosen tragen, und sogar in Breslau – gewiss kein antiker Boden – hießen sie Rosengässlerinnen. Denn die Rosengassen und Rosenstraßen waren ihre Wohnstraßen, selbst in Städten, so fern dem römischen Kulturkreis wie Königsberg in Ostpreußen.

Am 1. Mai 1933 habe ich in Prag die Weiterentwicklung der alten Floralien aufs Schönste beobachten können. Die Kirchen, besonders die Marienstatuen, waren verschwenderisch mit Blumen geschmückt. Sie waren überfüllt, aber nicht weniger voll waren die sozialistischen Maifeiern, bei denen viele Teilnehmerinnen von Kopf bis Fuß in Nelkenrot gekleidet waren. Gleichzeitig feierte Hitler den 1. Mai als seinen »Tag der Arbeit« – alles Abkömmlinge des gleichen Florafestes.

Die geheimnisvolle Rose

Die Rose, die der Göttin der Liebe geweiht war, also dem großen Geheimnis des Fortbestandes alles Lebendigen, war das Symbol des Geheimnisvollen und der Verschwiegenheit. Es gibt auch eine banalere Erklärung, nämlich dass die Rose, als einzige gefüllte Blume, ein geheimnisvoll verhülltes Inneres hatte. Nach einer anderen Lesart ist der Ausdruck *sub rosa* zum ersten Mal aufgetaucht, als die Griechen die entscheidende Schlacht gegen den Perserkönig Xerxes in einer Rosenlaube streng geheim geplant hatten. Die Redensart *sub rosa*, d. h. »unter der Rose«, bedeutet: unter dem Siegel der Verschwiegenheit. »Was wir hier kosen, bleibt unter Rosen«, heißt es noch in Sebastian Brants *Narrenschiff.* »Im Rosenbeete strahlt Geheimnis, und in der Rose liegt's verborgen.« Man befestigte deshalb als Zeichen, dass die Gespräche vertraulich seien, bei Gastmählern eine Rose an der Zimmerdecke. Im Mittelalter verbreitete sich diese Sitte über ganz Europa. Die Rose wurde das Symbol der deutschen Zechgelage, die *sub rosa*, unter der Rose, stattfanden. Und bis zum heutigen Tage, oder mindestens bis vorgestern, hatte man die Deckenrose aus Stuck, an der die Mittelbeleuchtung aufgehängt wurde: unter der Rose, *sub rosa.*

Auch für die Bauhütten des Mittelalters blieb die Rose das symbolische Zeichen der Verschwiegenheit. In den Kelchblättern der Rosenknospe ist nämlich das Pentagramm oder der Druidenfuß in der spiraligen Aufeinanderfolge der einzelnen Blätter zu erkennen. Der Druidenfuß war das geheime Erkennungszeichen der Pythagoräer, wahrscheinlich von den alten Ägyptern übernommen. Er war ein heiliges Zeichen bei den Kelten und wurde nicht selten auf gallischen Münzen abgebildet. Die geometrischen Proportionen dieser Spirale wurden seit dem Altertum als *Goldener Schnitt* bezeichnet.

Auf den Beilen der Feme befand sich das Bildnis eines Ritters mit Rosenstrauß, und jedes Mitglied der Feme musste alle Rosen küssen, die es erblickte.

Papst Hadrian (1522–1523) ließ in alle Beichtstühle Rosen als Symbol der Verschwiegenheit schnitzen, nachdem schon seit Langem frische, geweihte Rosen an den Beichtstühlen befestigt worden waren.

Aber auch die Türken glaubten, dass die fünf Geheimnisse Allahs in der Rose ruhten.

Die Rose bei den alten und neuen Germanen – Rosmarin

Wildwachsende Rosen hießen nicht Rosen, wurden nicht als solche erkannt. Sie hießen Hagedorn, Handorn, Weithagen. Tief in der Vorzeit wurde ihr Name geprägt. Dorn war *brama*, wovon das deutsche Brombeere und das englische *bramble* kommt, oder *hinfo*, wovon das englische *hip* und das deutsche *Hagebutte* und das dänische *hybentorn* abgeleitet ist.

Der germanische Urwald war ein Gewirr von Stacheln und Dornen, und des Menschen ungeschützte Hand war das Werkzeug, um die Dornen zu entfernen. Es verwundert nicht, dass man nur die Dornen sah und die rosige Blüte nicht beachtete. Der heilige Hain, in dem der alte Germane seinen Göttern diente, war der von Heckenrosen umschlossene Rosenhag.

Aber nicht alles, was Rose heißt, meint die Blume. *Rus, Rüs* ist Geschiebe, Geröll. In der Ostschweiz, im Allgäu, heißen entlegene Friedhöfe und Felseneinöden *Rosengarten* und *Rosenhag.* Man kann annehmen, dass der Monte Rosa ebenso wie der Rosengarten in den Dolomiten »Geröllgarten« bedeutet.

Die Heckenrose hatte in den germanischen Wäldern nichts mit der Liebe zu tun. Keine Rolle spielten die Blumen im Dämmer der Geschichte, als der Mut, totzuschlagen und totgeschlagen zu werden, als höchste Tugend galt und der größte Totschläger der größte Held war. Die Heckenrose wuchs an blutigen Opferstätten, an den Hünengräbern. Röslein heißen entsetzlicherweise die blutigen Wunden, und die Rosengärten Laurins sind die Schlacht- und Todesfelder, so wie das ganze Mittelalter hindurch das Schlachtfeld von den Dichtern »der Rosengarten« genannt wurde. In der verfeinerten Ritterzeit hieß dann der Turnierplatz Rosengarten.

Kriemhilds Rosengarten war ein wirklicher Garten. Er war eine Meile lang und eine halbe Meile breit. Darin wuchs eine Linde, unter deren Schatten fünfhundert Frauen sitzen konnten, die von zwölf Helden bewacht wurden, unter denen Siegfried der berühmteste war. Rüdiger meldete Kriemhild die Absicht seines Herrn, den Kampf aufzunehmen, mit den Worten:

Euch lässt entbieten mit Etzel der von Bern,
sie hätten lichte Rosen aus eurem Garten gern,
drin wollen sie zertreten die Blumen, und das Gras
mit Blute wohl begießen, dass es muss werden nass.

Rüdiger sagt, als er von seinem Botengang zurückkommt:

Im Paradies ich war!
Welch reine Augenweide dort alle wird erwarten,
und welche Schönheit in sich
birgt dieser Rosengarten.

Einer der Burschen zertrampelt die Rosen noch vor der Schlacht. Das wird als sehr peinlich empfunden. Es sind sozusagen außerdienstlich zertrampelte Rosen. Und diese barbarische Geschichte endet:

Keinen Garten mehr dort hegte Kriemhild,
die schöne Magd.

In der Hitlerzeit schrieb einer in einem gelehrten Buch über Rosen, nachdem er die Rose als ein Geschöpf der orientalischen und antiken Welt prinzipiell abgelehnt hatte: »Sinn und Bedeutung von Rose und Rosengarten dort (in Persien) waren aber wesentlich anders als die der ernsten, wehrhaften deutschen Heckenrose. In den heroischen, kriegerischen Zeiten spielen Weib und Rose keine Rolle.« Als heroische, kriegerische Zeiten nannte er dann die Zeit der Griechen, der ersten Römer, der Völkerwanderung, der deutschen Religionskriege! Und da dies ein Buch der Abschweifungen, der Rand- und Nebenbemerkungen ist, so ein paar kleine Ziffern aus »diesen heroischen, kriegerischen Zeiten« der deutschen Religionskriege, in denen »Weib und Rose« keine Rolle spielten:

Die Richter waren immer – in diesen heroischen, kriegerischen Zeiten – finanziell interessiert. In Bamberg wurden zum Beispiel als Ergebnis von 900 Prozessen für 500 000 Gulden an Eigentum der

Verbrannten, Geräderten und Gevierteilten konfisziert.

»Im Fürstentum Neiße sind binnen 9 Jahren an 1000 Hexen, darunter Kinder von 2 bis 4 Jahren, hingerichtet worden, in Fulda in 3 Jahren 250, in Ellwangen in einem Jahr 167. In Würzburg haben von 1623 bis 1631 900 Personen beiderlei Geschlechts den Scheiterhaufen bestiegen.«

Als Zeiten übersteigerter Zivilisation und sittlichen Verfalls, »wo Weib und Rose« eine Rolle spielen, bezeichnete derselbe deutsche Gelehrte »das späte Rom, die Zeit der Minnesänger, die italienische Renaissance, Barock und Rokoko«.

Diese Ansichten aus dem Jahre 1936 sind der äußerste Gegensatz zu denen Schellings, der sagte: »Was ist Europa als der für sich unfruchtbare Stamm, dem alles vom Orient her eingepfropft und erst dadurch veredelt werden musste.«

Dornröschen tauchte zum ersten Mal im 14. Jahrhundert auf. Es kann ein Geschöpf des Rittertums sein. Die Rosenhecke um die Minneburgen wurden zum Zweck eines Liebesspiels von den Herren Rittern erbaut. Als Wurfgeschosse der Damen dienten Rosen, Früchte, Kuchen. Statt des siedenden Wassers, das man im Ernstfall auf die Belagernden goss, wurde Parfüm hinabgegossen, bis endlich die Herren unter einem Blumenregen die Burg erstürmten und die Damen gefangennahmen.

Es kann aber auch sein, dass Dornröschen auf noch ältere Vorstellungen zurückgeht. Wotan bewirkte mit einem Schlafdorn den Zauberschlaf der Walküre (Brunhilde?), und die wabernde Lohe mag sich in die Dornenhecke bei Dornröschen verwandelt haben.

Geweckt wurde Dornröschen mit Rosmarin, dieser sagen- und glaubenumwitterten Heil-, Schmuck-, Liebes-, Trauer- und Nahrungspflanze. Man glaubte, dass Rosmarin schön mache, dass ein Kopfkissen, mit Rosmarin gefüllt, gut für die Kopfnerven sei. In Belgien hieß es, die Kinder kämen aus einem Rosmarinstrauch. In Frankreich tut man Rosmarin an Schinken, in Italien an den Reisbrei. Man spickte die Braten damit und würzte damit den Wein. Der Honig von Narbonne ist ebenso weltberühmt, wie es der Honig vom Berge Ida war, den nur Jupiter essen durfte, weil die ganze Umgebung von Narbonne, genauso wie der Berg Ida, von Rosmarin bedeckt war. Ebenso gilt das Fleisch von Hammeln, die auf den Rosmarintriften von Montpellier weiden, als eine besondere Delikatesse. In Ägypten war Rosmarin ein Gartengewächs und im südlichen Spanien ein Brennmaterial.

Vom inneren Hof der Ägypter zum Patio der spanisch sprechenden Welt

Im Westen wurde die gesamte römische Kultur von den Germanen mit Stumpf und Stiel ausgerauft, während im Osten die Araber die babylonischen und persischen Gärten und Bewässerungsanlagen noch lange weitererhielten. Noch 1180 schrieb der deutsche Minnesänger Heinrich von Veldecke von einem arabischen Garten: »Darinnen stund manig Zederbaum mit Ästen laubesreiche ... Fünfzig hohe Swybogen brachten Wasser ...«

Von dem unveränderten orientalischen Glanz in Bagdad berichtete der Gesandte des griechischen Kaisers 917 nach Byzanz: »Die Truppen bildeten vom Stadttor an Spalier und saßen auf goldenen und silbernen Sätteln. 38 000 kostbarste Teppiche waren aufgehängt und 22 000 zum Beschauen ausgestellt. In einem Marmorstall mit Arkaden standen tausend Pferde, und jedes wurde von einem kostbar gekleideten Stallburschen gehalten. Ein Tiergarten war da mit vier herrlich aufgezäumten Elefanten und hundert Löwen. In einem Park war ein mit Zinn ausgelegter Teich, der dreißig Ellen lang und zwanzig Ellen breit war und wie Silber glänzte. Auf diesem Teich schwammen vier vergoldete Kähne, die mit gestickter Leinwand ausgeschlagen waren. Um den Teich standen vierhundert Palmen, deren Stämme mit kostbarem Teakholz bekleidet waren, das von vergoldeten Reifen zusammengehalten wurde (da der Stamm von Palmen als unansehnlich galt). Ein aus Gold und Silber angefertigter Baum, bedeckt mit allen Arten von Früchten aus kostbaren Steinen, stand im Baumhaus, und in seinen Zweigen sangen künstliche Vögel.« Es wuchsen dort Nelken, Lilien und Veilchen. Die Tulpe wurde nicht erwähnt. Die wichtigsten Blumen waren Rosen, Narzissen und Anemonen. Man stellte gern das helle Rot der Rosen mit dem dunkleren der Anemonen zusammen.

Bagdads Luxus war so groß wie der Roms: Dem Statthalter Chumarnje war vom Arzt Massage verordnet worden. Um dem Daumen des Masseurs zu entgehen, ließ er einen Teich in seinem Garten mit Quecksilber füllen und eine seidene, an goldenen Bolzen straff gespannte Matte darauflegen, auf der er die ganze Nacht hindurch geschaukelt und so auf das zarteste massiert wurde.

Zurzeit Harun al Raschids brachte man in Bagdad Blumen vorzeitig zum Blühen: »In einem Pavillon, wohin man Freunde einlud, war Musik von Zither, Flöte und Pauke. Das Gemach war mit Blumen bestreut. Die Zecher trugen Blumenkränze auf dem Haupt. Der Vollmond lag am Horizont wie Gold auf blauen Hyazinthen.«

Auch in Byzanz stand vor dem Thron ein goldener Baum. Der Thron der Perserkönige empfing seinen »Schatten« von einer goldenen Platane. Die Geschichte vom goldenen Baum in den Gärten Asiens findet sich dann in vielen Gedichten der Minnesängerzeit. Auch in der Gralsburg gab es einen goldenen Baum mit singenden Vögeln.

Im Mittelalter baute man in Ägypten bei den Rosenfesten ein Schloss aus Rosengirlanden, man belegte die Wege mit Matten, da gab es den Teich, den Springbrunnen, den Pavillon, da waren die Zitronenbäume, da gurrten die Tauben, da schlug der Pfau sein Rad. Die Gärten blieben. Selbst Timur, der Mongole, Tamerlan genannt, der Zerstörer der Reiche, pflegte die Gärten, baute Kanäle und zweitausend Lusthäuser. In Isphahan wurde schließlich 1587–1629 die »Straße der vier Gärten« gebaut. Sie fiel drei Kilometer langsam ab und hatte einen Kanal in der Mitte, der sich auf jeder Terrasse zu einer Zisterne erweiterte. Es war nicht anders in Schiras. Es war nicht anders in Andalusien, wo Blumengärten angelegt wurden, wo Rosen auf Mandelbäume gepfropft wurden. Es ist noch heute so. Wo immer Wasser gefunden wird, da wird ein Garten angelegt, da fließen Brünnlein, da wachsen Palmen, da gibt es Majolika- und Steinbänke.

Das arabische Haus hatte wie das der Ägypter und der Römer einen Innenhof, der als *Patio* der Garten der ganzen spanisch sprechenden Welt wurde. Die Spanier übernahmen von den Arabern die Idee, dass Gärten Wohnräume sind, mit Brunnen und Blumen als Dekoration. Das ist bis heute so geblieben. Ich sah einen öffentlichen Garten am südlichen Rande des mexikanischen Golfs mit Brunnen und Palmen und Bänken. Am nördlichen Rande, in New Orleans, war es damit vorbei; es begann der formlose Norden.

Beschäftigung mit der Natur im griechischen Ostrom

Während Westrom zugrunde ging, hielt sich Ostrom noch viele Jahrhunderte hindurch, weil der Orient im wankenden Weltreich der Römer das Übergewicht hatte. Die Grenzen an Donau und Euphrat hatten dem Druck standgehalten, aber die Rheingrenze war zusammengebrochen und Italien überflutet worden.

Griechisch war noch Jahrhunderte nach Christi Geburt die Sprache der ganzen gelehrten und die Muttersprache der halben gebildeten Welt. Die Lateiner lernten Griechisch, aber die Griechen kaum Lateinisch. Diese griechisch-oströmische Welt umfasste ganz Vorderasien bis ans Schwarze Meer, Ägypten und Unteritalien. Die Entwicklung dieser getrennten Teile gehört zu den faszinierendsten Kapitel der Geistesgeschichte. Die Geschichte der östlichen Welt war im Wesentlichen ein nicht enden wollender Krieg zwischen dem persischen und dem byzantinischen

Reich, bis diese beiden gewaltigen Kulturen sich gegenseitig so geschwächt hatten, dass sie einem Dritten leicht unterlagen.

Der griechische Geist verlor sich in die Mysterien der christlichen Religion. Sekten und Schismatiker traten an die Stelle der sich bekämpfenden Philosophen. Das Gefühl trat an die Stelle des Verstandes. Denken und Beobachten galten als heidnisch. »Wissbegierde ist nach Jesus Christus, Forschung ist nach dem Evangelio nicht mehr vonnöten.« (Tertullian, 200.) »Die Herrschaft des Teufels gebiert Poeten und Philosophen.« (Chrysostomos, 400.)

Das war das Ende aller Beschäftigung mit der Natur. Eine der Folgen dieser Geisteshaltung war, dass die Ärzte noch lange heidnisch zu bleiben versuchten, eine andere zum Beispiel das 530 erschienene Buch eines ägyptischen Mönchs: *Kosmas, christliche Topographie oder die Meinung der Christen über die Welt*, ein Buch, das sogar ins Französische übersetzt wurde, ja, unwahrscheinlicherweise noch einmal 1854, und noch dazu in New York, verlegt wurde. Da war die Erde eine viereckige Platte, umgeben von einer den Himmel tragenden Mauer, hinter der das Paradies lag. Nichts mehr von irgendeiner echten Beobachtung. Religionsstreitigkeiten beschäftigten die Menschen; Verbannung und Verfolgung, die einst die Philosophen getroffen, brachten jetzt gegnerische Sekten zum Verstummen.

Viele Griechen lebten seit Alexander dem Großen in Syrien. Bischof Nestor leitete die alten gelehrten Anstalten, an denen Medizin und Ackerbauwissenschaften wie eh und je auf Griechisch und Syrisch gelehrt wurden. Neben diesen griechischen gab es auch jüdische Lehrstätten. Auch »die Amme der Gesetze«, die berühmte Rechtsschule, in der das römische Recht für alle Zeiten kodifiziert wurde, war in Syrien. Hier wurde auch das Neue Testament ins Syrische übersetzt.

Dieses ganze große griechische Kulturwerk wurde 489 zerstört, die Lehrstätten wurden aufgehoben, weil die Lehrer nestorianische Christen waren, deren Doktrin man für ketzerisch hielt.

Persien nahm die vertriebenen Lehrer gern auf. Sie verteilten sich über das ganze Reich und trugen griechische Bildung und christlichen Glauben weit nach Asien hinein. Vor allem gingen Vertriebene nach Gondischapur, wo seit zweihundert Jahren eine Medizinschule war, die Hauptlehrstätte für die vorderasiatischen Völker. Die antike Tradition wurde im Osten von den Ärzten und im Westen von den Geistlichen weitergeführt.

In Gondischapur war auch ein christlicher Bischofssitz. Die Griechen genossen in Persien Religionsfreiheit. Am persischen Hof hatte man nur christliche griechische Ärzte.

Von dem griechischen Kleinasien war alle Kenntnis

der Pflanzen, der Heilpflanzen, alle ärztliche Wissenschaft ausgegangen. Botanik und Medizin galten bis tief in die Neuzeit hinein als identisch. Die Werke der griechischen Ärzte Galen und Hippokrates wurden in Gondischapur aus dem Syrischen ins Persische und Arabische übersetzt. Auch indische Werke wurden ins Persische übersetzt. Auf persischem Boden begegnete sich also Ost und West, indische und griechische Wissenschaft. Ein Schüler von Gondischapur, der Araber Alharits ben Kalda, kehrte nach langer Praxis in Persien nach Hause zurück, nach Mekka nämlich, und wurde Mohammeds Arzt und Freund. Durch ihn bekam Mohammed Kenntnis der griechischen Literatur und der jüdisch-christlichen Bibel. Mohammed verwarf den asketischen Geist der griechischen Kirche, ihre Kasteiungen und ihr Fasten. Doch übernahm er viele Absonderungsvorschriften der Juden und ihre tägliche Verbindung mit Gott.

Und so, ganz ohne Unterbrechung, führte die jüdisch-christlich-griechische Tradition zu Mohammed, der aufbrach, seine Lehrer zu vernichten. Er begann damit, die Bibliotheken in Alexandrien und in Persien zu verbrennen. Er gelangte bis an den Indus (673), bis nach Nordafrika (695). Noch immer saßen Westgoten in Spanien, stritten sich um Ehre und Herrschaft und ließen die Mohammedaner in das Land eindringen.

Hier in Spanien wurden die Abassiden (750–1258) zu den herrschenden Kalifen, die gleichen Abassiden, die vorher in Persien Künste und Wissenschaften kennengelernt hatten. Mit ihnen kamen gelehrte nestorianische Griechen und gebildete Perser. Zwar galt den Mohammedanern der Koran »als Inbegriff allen Wissens, als Quell aller Weisheit, als Mutter aller Schriften«. Es war nur noch Auslegung des Korans erlaubt, die nichts anderes war als Spitzfindigkeit und Wortklauberei. Aber zum Glück erlaubte der Koran ein bequemes Leben, und für dieses bequeme Leben war die griechische Wissenschaft nützlich. Hospitäler wurden nach persischem Muster, unter Leitung von christlichen und jüdischen Ärzten eingerichtet. Für die Fortschritte der wissenschaftlichen Botanik war es von ungeheurem Wert, dass die Araber im 9. Jahrhundert die Chemie begründeten: Avicenna (980–1037) erfand das Destillieren und schuf damit die Grundlage für die Forschung der chemischen Beschaffenheit der Körper. Aber das Destillieren wurde sogleich für den freundlichen Zweck benutzt, eine köstliche Rosenessenz herzustellen. Limonaden, in denen in Honig gekochte Rosenblätter schwammen, bildeten jahrhundertelang das beliebteste Volksgetränk der moslemischen Welt.

Der Versuch, die Lehren des Aristoteles, dem der Mensch an der Spitze der Welt stand, mit den Lehren des Korans, seiner Verachtung alles Irdisch-Materiellen, zu vereinigen, beherrschte das Denken der Araber. Genauso versuchte ein paar Jahrhunderte später

Thomas von Aquino, die aristotelische Philosophie mit den Lehren der Kirche zu verbinden.

Im 9. Jahrhundert bemühten sich ein paar arabische Gelehrte um etwas ganz Neues, nämlich um eine Lösung der Widersprüche der beiden Lehren, nicht durch Spekulation und Grübelei, sondern durch selbstständige Naturbeobachtung. Sie bildeten einen Geheimbund, der Unbescholtenheit, sittliche Reinheit und wechselseitige treue Beratung von seinen Mitgliedern verlangte. Sie schrieben der Naturwissenschaft eine reinigende Kraft zu und nannten ihre Arbeiten: *Die Abhandlungen der aufrichtigen Brüder.* Was für eine Kraft! Man stelle sich vor, es träte heute in den marxistischen Ländern ein »Geheimbund der aufrichtigen Brüder« in Erscheinung! Diese Männer haben entdeckt, dass die männlichen Stämme der Palme über befruchtenden Blütenstaub für die weiblichen Stämme verfügen, was Plinius so beschrieben hatte: »Der Palmenmann heiratet die Palmenfrau unter sanftem Neigen, zärtlichen Blicken und dem Verstreuen eines Pulvers.«

Harun al Raschid (786–809) gründete in Bagdad Schulen, Bibliotheken und Sternwarten. Übersetzungsanstalten wurden unter Staatsaufsicht errichtet und der größte Teil der philosophisch-naturwissenschaftlichen griechischen Literatur ins Arabische übersetzt. Im Orient wurde der Blumenkult, vor allem der Rosenkult, weiter gepflegt. Als Saladin 1187

Jerusalem eroberte, sandte er fünfhundert Kamele mit Rosenwasser in die Stadt, um damit die Omar-Moschee zu reinigen.

Da den Türken wie allen Mohammedanern die Rose heilig war, wurden die neugeborenen Kinder des Serails in Rosenblätter gewickelt, später in rosenroten Flor. Noch 1750 importierten Ägypten und die Türkei zu diesem Zweck Hunderte von Ballen rosenroten Flors.

Im Westen wird die Beschäftigung mit der Natur verdächtig

Inzwischen nahm die Entwicklung im Westen einen völlig anderen Weg. Während sich im griechischen Ostrom die Lehre ganz jenseits von Staat und Organisation entwickelte, trat im Westen an die Stelle des Römischen Reichs die Weltherrschaft der disziplinierten Geistlichkeit. Die staatsbildende Kraft des Westens trug eine neue Uniform.

Es ist nicht so gewesen, dass das Römische Reich eines Tages aufhörte und die dunklen Jahrhunderte anfingen. Gregor von Tours, der uns um 600 die wichtigsten Nachrichten aus der westlichen Welt überlieferte, stammte aus altem gallischem Geschlecht und fühlte sich noch völlig als Römer.

Aber alle Bildung wurde umso jämmerlicher, je

mehr ungebildete Männer aus den neubekehrten Nationen Geistliche wurden. Sogar die Kenntnis der Kräuter verschwand. Die Wissenschaft der Zeit bestand aus Mathematik und Astronomie, soweit man sie zum Kalendermachen und für die Bestimmung der Kirchenfeste brauchte. Die Natur war verdächtig, und die Päpste erließen Verbote, sich mit ihr zu beschäftigen. Jeder Arzt, Philosoph, ja jeder einfache Freund der Natur kam in den Verdacht der Zauberei, gefährdete, neuzeitlich ausgedrückt, die öffentliche Sicherheit. Geschichtsschreibung wurde Hagiographie, Beschreibung von Wundern.

Nur in Irland und in England wurde in den Klöstern weiterhin geistig gearbeitet. Dort fanden sich Männer aus dem griechischen Kulturkreis, der Erzbischof Theodorus aus Cilicien, der Afrikaner Hadrian, ein. Theodorus brachte einen Homer mit, Hadrian gründete eine Schule in Canterbury. Es ist also kein Zufall, dass auch Überlieferungen allgemeiner Natur durch die Bewohner dieser Ecke Europas zu uns kamen. Der Lehrer Karls des Großen war der Angelsachse Alkuin, dessen Briefe erhalten sind, und da ist Beda, der den Beinamen »der Verehrungswürdige« erhielt.

Natürlich waren der Kirche andere Dinge wichtig. Die Unverletzlichkeit aller, die zu ihr flüchteten, die Schonung und Achtung ihrer Diener wurden mit größter Anstrengung erreicht. Kannibalismus herrschte. Der heilige Hieronymus sah, dass die wilden Briten

Schäfer anfielen und Teile ihrer Körper, die sie für besonders schmackhaft hielten, abschnitten und verzehrten. Keine Zeit für Gärten, keine Zeit für Blumen.

Das Niveau der Zeit lässt sich auch an der berühmten Enzyklopädie des Isidorus (596–636) erkennen: »*Disciplina*, die Lehre, hat von *discendo* ihren Namen. Deshalb kann sie auch *scientia* = Wissenschaft genannt werden, denn *scit* = er weiß kommt her von *discit* = er lernt.« Das galt schon als Höhepunkt der Gelehrsamkeit, und Karl, der wahrhaft Große, sprach ein Jahrhundert später zwar fließend Lateinisch und verstand Griechisch, lernte Rhetorik und Dialektik, Astronomie und Rechenkunst, aber zu schreiben »versuchte er und pflegte zu diesem Zweck Tafeln und Blätter im Bett unter dem Kopfkissen bei sich zu führen, um in unbeschäftigten Stunden seine Hand an das Malen von Buchstaben zu gewöhnen. Aber die Übung war nicht zu rechter Zeit begonnen, als dass sie genügend Fortgang gehabt hätte.«

»Römische Kaiser« nannte Einhard, der geniale Biograf Karls des Großen, die Kaiser von Byzanz. Bischof Leo von Rom, der die Kaiserkrone, über die er gar nicht zu verfügen hatte, Karl aufzwang, haben die Römer die Augen ausgestochen und die Zunge abgeschnitten. Nichts ist bezeichnender für die Machtverhältnisse der Zeit als der Ärger Karls des Großen über den Kaisertitel und seine Versuche, den Kaiser von Byzanz zu versöhnen.

Und trotz allem riss die Tradition nicht völlig ab. Noch gab es die letzten Gärten der Römer im Westen, als wir schon wieder von Gärten und Blumen hören. Der Dichter Fortunatus kam 560 ins Frankenreich und wurde Bischof von Poitiers. Er preist in seinem Gedicht *De Horto Ultrogothonis Reginae* den Garten der Gemahlin Childebert I., der Königin Ultrogothonis, die Blumen und die Apfelbäume, die der König Childebert aus dem geradezu mörderischen Geschlecht der Merowinger »mit großer Liebe« eigenhändig gepfropft hatte. Fortunatus sandte Veilchen und andere duftende Blumen zum Schmuck der Kirche an die heilige Radegunde, die vom Merowingerhof ins Kloster geflohen war. Er tat es mit den Worten: »Keins von allen duftenden Kräutern, die ich hiermit schicke, lässt sich mit dem Veilchen vergleichen. Es leuchtet in königlichem Purpur. Duft und Schönheit vereinigen sich in seiner Blüte. Mögest Du in Deinem Leben von nun an den Frieden genießen, den sie verkörpern.« Aber auch sie sandte Blumen und Nahrungsmittel und bat Fortunatus zu einem Mahl, bei dem das Tischtuch (!) mit Rosen bestreut war und die Schüsseln bekränzt waren, während Girlanden an den Wänden des Refektoriums hingen, ganz nach der Weise der Alten. Um 587 legte König Childebert für seine Frau einen Rosengarten zwischen der Seine und der Abtei St. Germain des Près an. Zur gleichen Zeit führte ein Herr von Salency wieder ein Rosenfest ein.

Aber im Allgemeinen herrschte die Not. Ein Wald wurde danach eingeschätzt, wie viel Schweine er ernähren konnte. Auf dem berühmten Plan eines Idealklosters, der 830 in St. Gallen (auch St. Gallen war 614 von einem irischen Mönch gegründet worden) angefertigt wurde, ist ein Gemüsegarten vorgesehen. Ein winziges Sakristeigärtchen diente dem Schmuckbedürfnis der Kirche und der Geistlichkeit; denn an den Festtagen bekränzten sich die Geistlichen, oder sie trugen Girlanden, oft aus roten Rosen. Noch 1405 trug Roger de Walden bei der Einführung in sein Amt als Bischof von St. Pauls in London, genau wie seine Kanoniker, Girlanden aus roten Rosen. Diese Sitte hörte erst mit der Reformation auf, wie so viele Sitten heidnischen Ursprungs.

Die Rose war von den 37 000 Benediktinerklöstern in ganz Europa verbreitet worden. Auf dem St. Gallener Plan diente der Obstgarten zugleich als Friedhof. Aber offenbar war das nicht allgemein so; denn Karl der Große empfing einen Gesandten in einem Obstgarten, umgeben »von 15 000 seiner Truppen«. Von diesem großen Mann haben wir genaue Verzeichnisse der Pflanzen, die er in seinen Mustergärten angepflanzt wissen wollte. Es sind im Wesentlichen Gemüse, Gewürze und Heilkräuter. Aber das Verzeichnis beginnt in dem hübsch leichten Latein der Zeit:

Volumus quod in hortos omnes herbas habeant id est 1° Lilium 2° Rosas. (Wir wollen, dass in allen Gärten folgende Gewächse angepflanzt werden: 1. Lilien, 2. Rosen.)

Das besagt aber nicht, dass Rosen und Lilien wegen ihrer Schönheit gepflanzt wurden. Die Rose galt als die wirksamste Medizin und musste in jedem Klostergarten gepflanzt werden. Schon Plinius zählte 32 Medizinen auf, die man von Rosen herstellen konnte. Und nicht nur im Mittelalter, noch im 17. Jahrhundert werden dreiunddreißig, zum größten Teil lebensgefährliche Krankheiten genannt, die man mit Rosen behandelte. Fast jedes dritte Heilmittel bestand aus Rosen oder war mit Rosen gemischt. Der Herzog von Mantua bereitete den »goldenen Sirup«, Roderich da Fonseca das »trinkbare Gold«. Die Königin Elisabeth von England sandte »das königliche Geheimnis«, ein Rosenallheilmittel, an den Kaiser Rudolf von Habsburg, den Mystiker im mystischen Prag.

Hagebutten, die Früchte der Rosen, enthalten sehr viel Vitamin C, und da Skorbut viele Jahrhunderte lang in Europa verbreitet war, so war der Glaube an die Heilkraft der Hagebutten auch wirklich berechtigt. Und heute kann man in den Kulturländern riesige Plakate sehen, die den Genuss von Hagebuttensirup preisen. »Nichts ist so gut für das Wachstum und die Vitalität der Kinder wie der Hagebuttensirup.« Während des Krieges förderte das englische Gesundheitsministerium das Sammeln von Hagebutten, da sie reicher an Vitamin C sind als alle anderen Gewächse des Nordens. Es wurden 500–700 Tonnen jährlich gesammelt.

Und wenn Rosen und Hagebutten im Mittelalter Allheilmittel waren, so haben schon die thessalischen Zauberinnen Liebestränke aus zahllosen Rosen bereitet. Auch deutsche Vorschriften für Liebestränke mit Rosen gibt es:

»Trage drei dunkelrote, blassrote und weiße Rosen drei Tage, drei Nächte und drei Stunden lang so auf deinem Herzen, dass niemand sie sehen kann. Bete dreimal das Vaterunser, dreimal das Ave Maria, und schlage das Zeichen des heiligen Kreuzes. Hänge dann die Rosen drei Tage, drei Nächte und drei Stunden lang in eine Flasche Wein, und lass den Gegenstand deiner Liebe davon trinken, ohne dass er wissen soll, was darin war, und er wird dich mit ganzer Seele lieben und dir treu sein dein Leben lang.«

Und was die Lilien betrifft, so schrieb Walahfried Strabo, der Abt des Klosters Reichenau, der sein Gärtchen 842 in vierhundertvierzig Hexametern geschildert hat: »Doch wenn die listige Schlange mit todbringendem Biss, auf Tücke sinnend von jeher, das gesammelte Gift ausspeit, mit heimlicher Wunde sendend schrecklichen Tod bis tief ins innerste Leben, heilsam ist es alsdann, die Lilie im Mörser zu stampfen, mit Falerner zu trinken den Saft.«

Man darf nicht vergessen, dass vor der Renaissance in ganz Nord- und Mitteleuropa nur sehr wenige und sehr bescheidene Blumen in den Gärten wuchsen. Maurice Maeterlinck nennt in seiner wohl zuverlässigen *Liste altmodischer Blumen* folgende: »Veilchen, Gänseblümchen, Maiglöckchen, Mohn, Krokus, Iris, Herbstzeitlose, Fingerhut, Rittersporn, Kornblume, Vergissmeinnicht, Madonnenlilie, Malve und eine noch sehr unveredelte Rose.« Auch die Akelei, die große rote Ranunkel und die »Brennende Liebe« (*Lychnis chalcedonica*) waren schon bekannt; das Stiefmütterchen war noch wild, entzückend, aber nicht größer als ein Fingernagel. Anemonen sollen zuerst mit heiliger Erde während des zweiten Kreuzzuges nach Pisa gekommen sein. In den meisten Klostergärten war auch der Goldlack zu finden. Er schlug überall Wurzeln. Er wuchs schon an den steinigen Küsten Griechenlands. Der Goldlack heißt in England »Mauerblümchen« – wie die Mädchen bis heute genannt werden, die niemand zum Tanz holt. Auch er bekränzte das Haupt von Trinkenden. Er war der »Trost der Gefangenen« in Frankreich. Er war das »Gelbveigelein« des deutschen Volkslieds:

Und um das Grab der Herzliebsten mein
Blüht Amarant und Gelbveigelein.

Die Ritter der Minnezeit trugen Goldlack als Sinnbild unwandelbarer Zuneigung für die Dame ihres Herzens. Im 15. und 16. Jahrhundert glaubte man, dass das Goldlacköl Geschwüre heile. Der Saft wurde in die Augen geträufelt. Vielleicht kann man noch die Levkoje nennen, die im Mittelalter sehr beliebt war. Alle volkstümlichen Namen für Blumen sind im Gegensatz zu den feststehenden lateinischen Namen verwirrend, aber ein Durcheinander, wie es bei der Levkoje, respektive dem Goldlack herrscht, ist ungewöhnlich. Die Levkoje hieß auf deutsch *Damenveilchen*, auf englisch *Gillyflower* oder *Julyflower*, auf französisch *Giroflée*, aber auch der Goldlack wurde *Gillyflower* und auf deutsch *Gelbveigelein* genannt, und in Italien hieß die Nelke *Garofano*. Die Levkoje wurde in England zu einer gefüllten Blume entwickelt, wahrscheinlich in Brompton (Kent), denn 1724 wurde sie *Brompton Stock* genannt.

Das ganze Mittelalter hindurch wurden die Speisen mit Blumen gesüßt und die Braten mit Blumen gewürzt.

Abgesehen von der allgemeinen Not, den immer wiederkehrenden Hungersnöten, war auch in der ummauerten Stadt und auf der Burg der Platz viel zu beschränkt für Gärten. In England legte die normannische Geistlichkeit, fünf Jahrhunderte nach dem Abzug der Römer, wieder die ersten Gärten an. Die Burgfrauen pflanzten gewöhnlich ein paar Blumen und pflegten ein Kräutergärtlein. Plinius hatte schon gesagt: »Gartenarbeit ist Frauenarbeit«, und das ganze Mittelalter hindurch bis zum heutigen Tage ist der Blumengarten die Domäne der Frauen geblieben.

Um die Burgmauern war die Erde aufgehäuft. Ab und zu wurde der Erdwall in einen Sitz verwandelt, der mit Gras gedeckt war. Das war oft das Einzige, was an »Garten« erinnerte. Sicherheit und Wasser waren die Hauptsache. Kein Mensch dachte an die Freuden des Daseins, wenn er sich ein Gehäuse errichtete. Zu schwer war das Leben. Manchmal gab es eine Geißblattlaube oder eine Bank um die Linde vor der Stadtmauer.

Über den Safran, der im Mittelalter zu den wichtigsten Blumen gehörte, dichtete Rückert im 19. Jahrhundert:

Krokus, Spross des Morgenlandes,
Seltener Gast auf Schwabens Flur,
Zeitgeist ewig jungen Friedens
Und uralter Weltkultur.
Wo jetzt Flocken niederwirbeln
Auf die wohldurchblümte Au,
Pflanzte einst ihr Safrangärtlein
Eine kluge Römerfrau.

Das stimmt aber nicht. Deutschland war zwar vom 14. bis zum 16. Jahrhundert das Zentrum des Safranhandels, aber als deutsche Pflanze wird der Safran zum ersten Mal 1546 von Hieronymus Bock erwähnt. Er war im 16. Jahrhundert das gebräuchlichste Mittel der Apotheken. Tatsächlich ist er eine große Quelle für Vitamin A. Jeder Gewürzkrämer wurde damals Safranhändler genannt. Nach der Legende soll ein englischer Pilger unter Eduard III. (1327–1377) eine Safranzwiebel, im Knopf seines Wanderstabes versteckt, aus dem Orient nach England gebracht haben. Niemand weiß, ob das stimmt. Vielleicht haben die Kreuzritter die kostbare Pflanze nach Westen gebracht, kostbar als Gewürz und kostbar als auch heute wieder benutzte Heilpflanze bei Frauenkrankheiten. Es kann aber auch sein, dass die Mauren von Spanien aus den Safran in Frankreich oder von Sizilien aus in Italien bekannt gemacht haben.

In den mittelalterlichen Behausungen war es schwer, frische Luft zu haben. Die Kälte wurde durch dicke Vorhänge abgehalten, und die einzige Wärmequelle war ein offenes Feuer mitten auf dem Steinboden der großen Halle. Es gab auch keine Kanalisation. Wie im Altertum wurde deshalb der Boden der Zimmer mit wohlriechenden Kräutern bestreut. In einer spätmittelalterlichen Liste von Pflanzen, deren man sich dafür bediente, werden, abgesehen von Gewürzkräutern, wieder Schlüsselblumen, Gänseblümchen, Lavendel, Rosen und Veilchen erwähnt. Der üppige Kardinal Wolsey ließ den Fußboden seiner Zimmer in Hampton Court bei London mit Safran bestreuen. Die Böden der Gerichtssäle wurden in England bis ins 19. Jahrhundert mit Raute bestreut. Man glaubte aber auch, dass die Verbesserung der Luft gegen Epidemien helfe. Ludwig IX. von Frankreich ließ bei der Belagerung von Tunis Nelken streuen, im Glauben, dass er damit die Pest beenden könne.

Noch im 19. Jahrhundert wurden in Russland die Totenzimmer mit Wacholder bestreut. In Guatemala pflegt man die Zimmer dick mit Tannennadeln zu bestreuen, auf denen es sich wie auf einem Teppich geht.

Frankreich, die Heimat der modernen Rose

Die Heimat der Rosenzucht ist Frankreich. Die französischen Kreuzfahrer legten Rosengärten in ihren Schlössern an. Die Einwohner von Fontenay aux Roses beschäftigten sich nur mit Rosenkultur, und Provins, eine Stadt, die fünfunddreißig Meilen südöstlich von Paris an der Straße nach Nancy liegt, war der Mittelpunkt einer Gegend, wo die gallischen Rosen gezogen wurden. Noch 1770 richteten – nicht anders als im Altertum – die Bewohner von Provins ein Bett aus Rosenblättern für Marie Antoinette, als sie auf ihrem Weg zum Dauphin, dem späteren König Ludwig XVI., in Provins übernachtete.

1224 wurde bestimmt, dass der jüngste Edelmann von Frankreich den Parlamentsmitgliedern dreimal im Jahr einen Korb voll Rosen anbieten müsse, *la baillée des roses*, die Übergabe der Rosen, die schließlich zu einem großen Fest wurde.

Ende des 13. Jahrhunderts wird beschrieben, wie durch Pflege der Wildrose die Edelrose entstehe und wie die vernachlässigte Edelrose wieder verwildere. Die Rosengärten von Rouen und Paris wurden im 14. Jahrhundert berühmt. In Rouen wurden Rosen zum Schmuck der Zimmer und Esstische, zum Anstecken und auch zur Bereitung von Rosenwasser verwendet. Wie im alten Rom gab es in Paris Kranzbinderinnen, die den *Chapeliers*, einer besonderen Handwerksinnung, angehörten. Ludwig XIII. führte wieder Rosenfeste ein.

Blumen waren ein Privileg der oberen Klassen wie Samt und Seide und Pelzwerk. Einfache Mädchen durften Rosen nur bei der Hochzeit tragen. Jeder, der das Privileg bekam, Rosen zu ziehen, musste zur Zeit Ludwigs XI. am Dreikönigstag dem Stadtrat als Tribut drei Rosenkronen und einen Korb mit Rosen zur Bereitung von Rosenwasser entrichten. Genauso mussten im mittelalterlichen Indien die Armen ihren Fürsten Rosen liefern, damit diese ihre Schlafzimmer bestreuen konnten. Das alles klingt freilich recht bescheiden, verglichen mit den 300 000 Flaschen Rosenwasser, die um 810 die Provinz Farsistan jährlich an den Finanzminister oder den Hofkassierer in Bagdad liefern musste. Die schärfsten Bestimmungen bezogen sich in Indien allerdings auf die Orchideenzucht. Das Volk war ganz allgemein davon ausgeschlossen. Nur Prinzessinnen und Damen der höchsten Aristokratie durften sie tragen, wie ja auch in Japan nur der Mikado und die Adeligen Chrysanthemen ziehen oder besitzen durften.

In Salerno beginnt eine Renaissance

Zum ersten Mal seit Aristoteles wurde die Botanik weitergeführt. In Spanien erschienen die Beschreibungen von 1400 Pflanzen des Ibn Beithar (gest. 1348), und zwar nach seinen eigenen Untersuchungen, und die botanisch-medizinischen Beobachtungen des Universalgenies Avicenna, die zum hervorragendsten medizinischen Werk des Mittelalters wurden. Es erlebte dreißig Auflagen in lateinischer Sprache.

Wollte man den Beginn der Neuzeit von dem erneuten Erwachen eines geistigen Lebens an rechnen, so müsste man ihn nicht 1453, sondern ein paar Jahrhunderte früher ansetzen, nämlich als in Salerno die erste Schule der Medizin in der westlichen Welt entstand. Sie bildete sich aus einer abgeschlossenen, durch Geheimlehren zusammengehaltenen Gilde für Männer und Frauen, für Christen und Nichtchristen.

Unteritalien war für das Entstehen der Schule besonders geeignet, weil dort noch immer das Griechische lebendig war. Die Kenntnis der arabischen Heilkunde kam hinzu, da zwischen Unteritalien und den Arabern in Nordafrika und Sizilien gute Beziehungen gepflogen wurden. Die Vermittler zwischen den Lateinern und den Arabern waren hier wie anderswo die jüdischen Ärzte, die bei den Arabern gelernt hatten und beide Sprachen beherrschten.

In Salerno las Magister Pontos Medizin für die Griechen auf Griechisch, Abdalla für die Sarazenen auf Arabisch, Rabbi Elinus für die Juden auf Hebräisch und ein Salerner für die Lateiner auf Lateinisch. In der gleichen Stadt entstand das populärste Handbuch der Kräuter- und Arzneimittelkunde für das ganze Mittelalter. Es wurde dem König von England gewidmet: »Für Englands König schreibt die ganze Schule Salernos …« Es wurde hundertfünfzigmal übersetzt und bis ins 18. Jahrhundert benutzt.

Zur gleichen Zeit begaben sich einzelne Gelehrte nach Spanien, traten dort mit einem der jüdischen Gelehrten in Verbindung, um die griechischen, ins Arabische übersetzten Werke, also meistens den Aristoteles, den Theophrastus und den Dioskorides, ins Lateinische zu übertragen. Der jüdische Gelehrte übersetzte den arabischen Text in eine Vulgärsprache, und der christliche Gelehrte fertigte davon eine lateinische Version an. Aber auch arabische Werke erschienen in lateinischer Sprache. Auf diese Weise wurden endlich auch die naturwissenschaftlichen Schriften des Aristoteles übersetzt, von dem bisher nur die logischen Schriften bekannt waren.

Bald entstanden weitere Schulen, eine Schule der Medizin in Montpellier, die später sehr wichtig für die Botanik werden sollte, 1150 eine Rechtsschule in Bologna und schließlich eine in Paris, in der Theologie und Philosophie gelehrt wurden. Alle nahmen ihren Ausgang von Salerno, und alle entstanden auf die gleiche Weise: Um einen hervorragenden Lehrer versammelten sich Schüler jeden Alters und aus allen Gegenden des Abendlandes. Alle lernten und lehrten, abgesehen von den Jüngsten. Aber noch immer war nicht Erkenntnis das Ziel sondern Kenntnisse. Nur Paris bildete keine Fachschule wie die südeuropäischen Schulen. Man nimmt an, dass das Vorbild von Paris eine Schule war, wie sie am Hofe Karls des Großen bestand. Paris und die von ihm ausgehenden Neugründungen bezweckten ein allgemeines theoretisches Studium. »Bis ins 15. Jahrhundert wurde an ihnen kaum etwas anderes geübt als die einfachsten Elemente der Logik, vor allem die Kunst, nicht das Wahre vom Falschen zu scheiden, sondern Wahres und Falsches nach Belieben mit den möglichst subtilsten Redensarten, Autoritäten, wahren und Scheingründen bis aufs äußerste zu verteidigen. So entstanden die *Disputationes quodlibetanae*, bei denen jeder beliebige Satz auf Verlangen von den Disputierenden verteidigt oder bestritten werden musste. Sie bildeten die Hauptzierde der akademischen Feste.«

Das war eine trostlose Gelehrsamkeit, wie sie überall da entsteht, wo man vor lauter Zitieren von Autoritäten zu keiner eigenen Meinung kommt.

Ganz Südeuropa wurde auf indirekte Weise von den Arabern beeinflusst. Man sah ein, dass ein fröhliches Leben sich sehr wohl mit tiefer Religiosität vereinen ließe, und niemand kann ermessen, welchen Einfluss dieser lebensfrohe Geist auf die Provence ausgeübt, wie sehr er zur Minnesängerkunst beigetragen, ja, sie vielleicht verursacht hat.

So wunderbar sind die Wege des Geistes. Syrische Christen brachten die griechische Philosophie bis nach Persien, bewährten sich als Ärzte, lehrten ihr Können, und ein junger Araber brachte ihre Weisheit, jüdisch-griechisch-christlich, nach Mekka, entzündete ein Genie, und diese Weisheit, verändert, aber immer noch da, fand im toleranten glücklichen Spanien eine Stätte, und die Nachkommen der Lateiner spürten den Geist, der herüberwehte, und das Turnier ersetzte den Totschlag, bis ein paar Jahrhunderte später das Rossballett das Turnier ersetzte.

Die Freude an den Gärten griff von Sizilien und Unteritalien auf den Norden über. Man erkannte die

Knospen des Frühlings, den Gesang der Vögel, erlebte Blühen und Vergehen. Endgültig vorbei war die Zeit, in der ein Mensch wie Beda glauben konnte, die Bäume trügen im Frühling ihre Früchte. Bald sollte die Zeit kommen, in der Petrarca als erster einen Berg bestieg.

Aber noch sind wir im 13. Jahrhundert, als Jacobo de Vitriaco, ein französischer Geistlicher, Bischof von Akko, über die Flora des Heiligen Landes berichtete und unter seinen Pflanzen den *Arbor scientiae boni et mali*, den Baum der Erkenntnis des Guten und Bösen, verzeichnete. Aber er war trotzdem ein großer Mann, weil er überhaupt sah, dass Pflanzen interessant sind.

Friedrich II., Roger Baco, Albertus Magnus

Es ist immer faszinierend, wenn ein Mensch den ganzen Zeitgeist repräsentiert. Ein solcher Repräsentant war Friedrich II. von Hohenstaufen, der deutsche Kaiser, *stupor mundi et immutator mirabilis* (1215–1250).

In Sizilien beteten römisch-katholische Christen neben Griechen, gab es Moscheen und Synagogen, wo arabische Inschriften und Verse des Alten und Neuen Testaments mit denen eines altgriechischen Hymnus verbunden waren. In christlichen Kirchen trugen antike Säulen maurische Bögen mit byzantinischen Malereien. Hier korrespondierte Friedrich II. mit dem arabischen Freigeist Ibn Sabin über philosophische Probleme und mit dem spanischen Juden Cohen ben Salomon über Gesetze der Geometrie. Hier herrschte rege Übersetzungstätigkeit. Friedrich selber sprach Latein, Griechisch, Provencalisch, Französisch, Italienisch – und vielleicht Deutsch. Da er als Erster in der italienischen Vulgärsprache dichtete, sah Dante in ihm den Vater der italienischen Poesie.

Man hat Friedrich II. den ersten modernen Menschen lange vor der Renaissance genannt. Er kannte einen Wissensdurst, einen Forschungstrieb, der ganz neu war. Das Resultat war zwar nur ein Büchlein: *Über die Kunst, mit Vögeln zu jagen.* Aber er sammelte alles darüber, fragte Kenner, verglich damit seine eigenen Beobachtungen. Autorität? Autorität gab es für ihn nicht. Er war der Erste, der Aristoteles zitierte – und ablehnte. Er verwarf die Gottesurteile mit glühendem Eisen und kaltem Wasser, »weil sie nicht die Natur der Dinge beachten und Wahrheit nicht erzielen«. Bei einer Raupenplage befahl er bei hoher Geldstrafe, dass jeder statt kirchlicher Bittgänge vor Sonnenaufgang vier Maß von Raupen zu sammeln und an Geschworene zur Verbrennung zu übergeben habe. In Hagenau wurden ihm einmal drei Leichen von Kindern gebracht, die von Juden am Pessachfest geschlachtet worden sein sollten. Friedrich entließ die Juden straflos, »weil sich nach Aussage der erfahrensten und gelehrtesten Männer nicht feststellen lasse, dass die Juden zur Feier ihres Peschfestes Christenblut nötig hätten«.

Ob Friedrich wirklich gesagt hat – wie die Zeitgenossen schon zitierten –, dass die Welt von drei Betrügern, Moses, Christus und Mohammed, hintergangen worden, dass die Geburt durch eine Jungfrau Unsinn sei, steht nicht fest. Friedrich hatte auch sehr böse Züge. Er gab seine Tochter dem Ezzelino da Romano zur Frau, der ohne jede moralische oder andere Rechtfertigung, nur um der Macht willen, mordete.

Die verweltlichte Kirche, gegen die es in Frankreich und England gärte, wurde erst um diese Zeit ganz intolerant. 1199 wurde die Bibel für Laien verboten, 1229 begann die Inquisition ihr blutiges Werk.

Friedrichs Zeitgenossen waren der Engländer Roger Baco und der Deutsche Albertus Magnus.

Der Franziskanermönch Roger Baco erfand das Vergrößerungsglas und eine Mischung, die in Wasser brannte und offenbar dem Schießpulver nahe verwandt war. Er verlangte, dass man auf die Natur und die griechischen Philosophen zurückgehe. Er wollte die Reinigung der Wissenschaften von abergläubischen und grübelhaften Anhängseln, aber er wurde der Zauberei bezichtigt und immer wieder ins Gefängnis geworfen.

Das Leben des Albertus Magnus erscheint dagegen wie ein naives Märchen. Dieser Wissenschaftler auf den Gebieten der Zoologie, der Mineralogie und vor allem der Botanik war von Gestalt so klein, dass ihm der Papst befahl, sich von seinen Knien zu erheben, als er schon stand. Albert, Graf Bollstädt, besuchte die damals gerade gegründete Universität Padua. Schon dort unternahm er etwas Neues. Es war das Gleiche, was Friedrich tat, wenn er das Benehmen der Falken beobachtete und verglich: Er beschäftigte sich mit den außerhalb des menschlichen Geistes liegenden Dingen. Er beschrieb ein Erdbeben, und er erzählte von zwei Leuten, die in einem Brunnen erstickten, während man einen Dritten bewusstlos herauszog.

Er trat in den Dominikanerorden in Köln ein, wohin es ihn immer wieder zog. Er lehnte alle höheren Kirchenwürden ab und durchwanderte Deutschland, Frankreich und Italien, wobei er alles beobachtete: Tiere, Gestein, und vor allem Pflanzen. Dieser Mönch zog durch die Wälder Germaniens und sammelte Blumen zu einer Zeit, in der jeder totschlug, um nicht totgeschlagen zu werden. Nachdem er in Köln, Hildesheim, Freiburg, Regensburg, Straßburg gelehrt hatte, ging er 1245 an die Universität Paris, wo Thomas von Aquino sein Schüler wurde. Albertus wurde Provinzial des Ordens, und ihm oblag es, die Klöster persönlich zu inspizieren. Wieder durchwanderte er Deutschland von Bayern bis Brabant. Für seinen Unterhalt sorgte das jeweilige Kloster, und so streng nahm er sein Gelübde der Besitzlosigkeit, dass er in jedem Kloster auch das, was er dort geschrieben hatte, zurückließ. Er erhielt immerzu ehrenvolle Aufträge, die er gar nicht mochte. So trug man ihm zum Beispiel auf, den Streit der Dominikaner und Franziskaner mit der Universität Paris zu schlichten. Die Bettelmönchsorden verlangten nämlich völlige Unterrichtsfreiheit, während die Pariser Universität ein Monopol des Unterrichts für sich beanspruchte. Albertus wurde in Rom zum Lehrer der Theologie ernannt. Der Papst schickte ihn nach Polen, damit er dort die barbarische Sitte, missgestaltete Kinder und schwache Greise zu töten und oft auch zu essen, abschaffe. Kannibalismus tauchte bei den ständigen Hungersnöten immer wieder auf, in Böhmen, in Schlesien, in Livland; in England ist ein Fall aus dem Jahre 1314 bekannt.

Kaum hatte Albertus das stille Amt eines Klosterlehrers in Köln wieder übernommen, als er zum Bischof von Regensburg ernannt wurde. Er war 67 Jahre alt und wäre gern weiter in seiner Klosterzelle geblieben, aber man lebte in der kaiserlosen, der schrecklichen Zeit, und Albertus konnte sich einem Ruf, nach dem Rechten zu sehen, nicht entziehen; er gab dem Willen des Papstes nach. Obwohl er vom Gelübde der Armut dispensiert worden war, übte er sein hohes Amt aus, indem er zu Fuß in seiner Mönchskutte reiste, während ein Mauleselchen ihm seinen Bischofsornat nachtrug. Als sich in Köln das

Gerücht verbreitete, dass die Schriften seines geliebten, früh verstorbenen Schülers Thomas von Aquino angefochten würden, zog er, fünfundachtzigjährig, nach Paris, um seinen Schüler zu verteidigen. Dann kehrte er endgültig nach Köln zurück und starb 1280 mit 87 Jahren.

Während dieses Lebens, in dem er halb Europa durchwanderte und unterrichtete, hat er den Dom von Köln nach der theologischen und philosophischen Symbolik seiner Zeit aufreißen lassen, den Chor der Dominikanerkirche erbaut und noch außerdem sieben umfangreiche Bücher über Botanik veröffentlicht, wobei auch dieser fromme Mönch vieles von Avicenna, dem großen Araber, übernahm. Er selber glaubte – wie typisch ist das! –, dass seine Bücher nur eine Erweiterung der aristotelischen Schriften seien.

Für Albert gab es keine Konflikte. Er bewunderte in jedem Gewächs ein Geschöpf Gottes in all seiner Herrlichkeit. Er verfasste die erste beschreibende Flora Europas und hat als Erster auf den Verlauf der Adern und die geometrische Regelmäßigkeit der Blattformen hingewiesen. Er hat die Lebensbedingungen der Gewächse studiert und dabei festgestellt, dass die stärkere Ernährung der Pflanzen das Hauptwesen aller Kultur ausmacht. Seine Prinzipien wurden zur Grundlage aller landwirtschaftlichen Literatur.

Auch hier ist erstaunlich – das Gleiche gilt für alle Gebiete bis zur Mitte des 18. Jahrhunderts – nicht nur, wie wenige überhaupt etwas wussten und wie wenig dann wieder diese wenigen wussten, sondern wie klein überhaupt der Umkreis dessen war, was man kannte. Albert zählte nur vier Rosensorten auf, die *rosa canina*, die *Zentifolie*, die *rosa arvensis* und die *rosa rubiginosa*.

Albertus hat auch über Gärten geschrieben und mitgeteilt, dass sie *viridantia* oder *viridaria*, d.h. grüne Lustgärten, genannt werden, »weil sie zur Ergötzung von vorzüglich zwei Sinnen dienen, nämlich des Gesichts und des Geruchs«. Er schrieb einen Satz, den Sir Francis Bacon fast wörtlich dreihundert Jahre später auch schrieb: »Das Auge wird nämlich durch nichts so sehr ergötzt wie durch feines, nicht langes Gras.« Albertus gab eine Anweisung, wie ein neuer Rasen anzulegen sei, die noch heute nicht überholt ist. Die weite Rasenfläche soll seiner Meinung nach von Blumen und Bäumen umgeben sein, und »wenn es möglich ist, soll eine sehr reine, in Stein gefasste Quelle in die Mitte geleitet werden, weil deren Reinheit viel Vergnügen macht«.

Auch hier ist es erstaunlich, wie persönlich damals alles geistige Leben war, wie alles von privaten Zufällen abhing. Dafür ein Beispiel: Thomas von Aquinos Lehre brauchte zweihundert Jahre, um nach Ostdeutschland zu gelangen. Zufällig suchten zwei Magister der Kölner Universität 1481 die Universität Greifswald auf …

Universitäten waren schon da, die ersten Bibliotheken folgten zweihundert Jahre später. Papst Nikolaus v., der sich schon als Mönch in Schulden gestürzt hatte, um Handschriften zu kaufen, hinterließ 1451 neuntausend Bände als Grundstock der vatikanischen Bibliothek. Die Bibliothek von San Marco in Venedig wurde von einem Griechen, Kardinal Besarion, gegründet, der 600 griechische Handschriften mitbrachte, damit seine Heimat, wenn sie wieder frei würde, ihre Literatur wiederfände.

Von 1300 an war es eine italienische Lieblingsbeschäftigung, alte Handschriften aufzuspüren, besonders die beiden Dichter Petrarca (1304–1374) und Boccaccio (1313–1375) brachten unzählige zusammen. Kein Zufall, Petrarca liebte die Welt, liebte das heidnische Altertum. Er hatte Gärten in Parma, in Vaucluse, und einen in Arqua, den man noch heute sehen kann. Immer waren die Wege überlaubt von Weinreben und von Rosenhecken eingefasst. Immer fand sich eine Marmorfigur oder ein Brunnen mitten auf dem Rasenplatz. Auf der Wiese standen Tische und Stühle, damit sich die Paare vom Tanzen und Singen ausruhen und Erfrischungen zu sich nehmen konnten. In blumenbedeckten Loggien wurden die Gäste empfangen. In solchen Gärten versammelte sich die Gesellschaft, die Boccaccios *Dekameron* beschreibt.

Petrarca schrieb: »Wenn ich eine größere Reise machte, was damals oft geschah, und von fern alte Klöster gewahrte, so hielt ich sogleich an und sagte mir: Wer weiß, ob nicht hier etwas ist, was ich gern haben möchte. Um mein fünfundzwanzigstes Jahr kam ich auf der Reise von Belgien in die Schweiz durch Lüttich, und als ich erfuhr, es gebe dort viele Bücher, blieb ich und bestimmte auch meinen Begleiter zu bleiben, bis ich eine von Ciceros Reden von Freundeshand hatte abschreiben lassen und die andere selber kopiert hatte, die ich darauf in Italien verbreitete. Und lache nur, es hielt schwer, in der guten barbarischen Stadt Tinte zu bekommen, und dann war sie so gelb wie Safran.«

Er schrieb an seinen Bruder von seiner einzigen, unbezwingbaren Leidenschaft für Bücher, bat ihn, Hetruriens Klöster durch erstklassige Sachverständige nach Handschriften durchforschen zu lassen. Andere Freunde stöberten für ihn in Britannien, Frankreich, Spanien. Besonders, schrieb er, liebe er Cicero, ja, bis Griechenland habe er Geld gesandt, von wo aber nicht eine Cicero-Abschrift, sondern eine Homers zu ihm gekommen sei, allein auf sein Betreiben und seine Kosten sei diese jetzt ins Lateinische übersetzt worden und verweile also lateinisch bei ihm. Dieser Homer kam von einem vornehmen Mann am byzantinischen Hofe. Petrarca bat ihn sofort um einen Hesiod und einen Euripides. Boccaccio kopierte selber zahlreiche griechische Schriftsteller. Petrarca und Boccaccio überredeten Gelehrte, Kaufleute, Fürsten, alte Handschriften zu sammeln. Dieser Enthusiasmus wurde zur Mode. Reiche Leute schickten gelehrte Männer auf weite Reisen, um Handschriften einkaufen oder abschreiben zu lassen.

Und während noch dieser Betrieb anhielt, kam die byzantinische Katastrophe: Mohammed II. eroberte Byzanz. Als Erstes wurde eine Prozession, die sich nach antiker Sitte mit weißen Rosenkränzen geschmückt hatte, niedergemetzelt, dann ließ Mohammed die Sophienkirche auf die gleiche Weise mit Rosenwasser reinigen, wie Saladin dreihundert Jahre zuvor die Omar-Moschee.

Die Byzantiner in den weißen Rosenkränzen Griechenlands waren die kleinen Leute, die im Land geblieben waren. Denn wie immer waren die Vermögenden und Gebildeten ausgewandert, und wie immer waren es die Weitsichtigsten, die die neuen Möglichkeiten sahen, die diese Auswanderer in das Gastland mitbrachten. Boccaccio war es, der die Florentiner überredete, den ersten Lehrstuhl für Griechisch einzurichten. Die verachteten Byzantiner besaßen noch Kraft genug, ein großes geistiges Leben anzufachen. Zum zweiten Mal eroberten die Griechen das Abendland.

Zur rechten Zeit war der Buchdruck erfunden worden. Anfangs gar nicht zur Freude der Snobs, die

Bibliotheken herrlich geschriebener Bücher besaßen. Der Herzog von Urbino sagte, er würde sich schämen, ein gedrucktes Buch zu besitzen.

Theodor von Gaza war einer der bedeutendsten griechischen Gelehrten (1398–1478). Er floh schon 1430 aus Thessalonike, nachdem es die Türken eingenommen hatten. Er trieb sich lange umher, bis er über Sizilien nach Italien kam und fand, dass es das einfachste für die Existenz eines griechischen Emigranten sei, griechische Stunden zu geben. Um das zu tun, musste er erst einmal Latein lernen. Nach drei Jahren war er der brillanteste lateinische Redner. Von überall, von Mailand und Pavia und Ferrara, erhielt er Lehraufträge. Er entschied sich für Ferrara und lehrte dort Griechisch, bis Papst Nikolaus ihn mit dem Auftrag nach Rom berief, Theophrastus und Aristoteles ins Lateinische zu übersetzen. Für diese Übersetzung wurde er mit einer ergiebigen Pfründe in Kalabrien belohnt, doch seine ungetreuen Verwalter brachten ihn um sein Gut. Papst Sixtus, für den er die *Zoologie* des Aristoteles übersetzte, benahm sich recht schäbig, denn als Gaza ihm das Buch überreichte, gab er dem Siebzigjährigen 50 Scudi. Gaza warf die 50 Scudi in den Tiber, verließ Rom und kehrte nach Ferrara zurück, wo ihn noch kurz vor seinem Tode der deutsche Botaniker Rudolf Agricola (1476/77) über die Schriften des Aristoteles hörte.

Renaissancegärten

Die Schönheit begann wieder einen legitimen Platz im Leben einzunehmen. Schönheit wurde wichtig. Der schöne menschliche Körper, die Säulenordnung der Antike, die Gärten der Römer erschienen aufs Neue in Italien.

Petrus de Crescentius (1235 in Bologna geboren) verbreitete Albertus Magnus' Prinzipien der Landwirtschaft über ganz Europa und erteilte Ratschläge für Gärten. Er kannte nur zwei Klassen: Volk und Oberschicht. Den kleinen Leuten gab er den Rat, einen Rasenplatz mit einer Rosenhecke und mit Obstbäumen, zwischen denen Wein rankte, zu umpflanzen. Für die Reichen hielt er einen Garten von zwanzig Morgen für angemessen. Solch ein Garten sollte mit einer hohen Mauer umgeben sein und ein Dickicht für wilde Tiere, einen Fischteich und ein Vogelgehege enthalten. Bäume sollten nicht den Blick vom Schloss auf die Tiere verdecken, und er verlangte Hecken und Türme aus geschnittenem Laubwerk.

Eine der ersten Gartenanlagen der Renaissance war die des Architekten Alberti (1404–1472) für die Villa der Familie Rucellai. Die Rucellais gehörten nicht zum Adel, sondern sie waren Nachkommen eines Deutschen namens Friedrich, der aus dem Orient die Orseilleflechten als Farbstoff für die Färbereien eingeführt hatte und damit reich geworden war. In diesem Garten waren drei Pergolen aus immergrüner Eiche und Haselnuss. Die Hauptpflanzen waren Myrte, Efeu, Buchsbaum, Zitrone, Wacholder und Wein. Rosen bildeten den Zaun. Aus Grotten führten Wasserläufe durch den ganzen Garten. Wasser lief über Treppen, fiel als Kaskade herab und spritzte als Fontäne zum Himmel. Steinvasen wurden mit Blumen gefüllt, alle Wege waren mit Buchsbaum eingefasst, und sogar der Name des Besitzers war in Buchsbaum geschnitten. Zahllose römische Figuren und Vasen wurden aufgestellt. Alberti lehnte sich in seiner Theorie eng an Plinius an.

Als Karl VIII. von Frankreich 1495 in Neapel einzog, schrieb er: »Sie können sich nicht vorstellen, was für Gärten ich in dieser Stadt gesehen habe, es scheint, als ob nur Adam und Eva gefehlt hätten, um sie zu einem Paradies zu machen, so voll sind sie von selten schönen Dingen.«

Das, genau das war die Geburt der französischen Renaissance. Karl brachte 87000 Kilogramm Teppiche, Bücher, Bilder, Marmor- und Porphyrstatuen und zweiundzwanzig italienische Künstler, die den klassischen Geist in die französische Architektur einführten, nach Amboise an der Loire. Auch stellte er einen neapolitanischen Gärtner, Pasello da Mercogliano, an. Ein Strom von französischen Architekten ging nach Italien, um dort zu lernen. Gärten wurden angelegt in Fontainebleau, in Chambord, am Louvre.

In allen diesen Gärten standen die verschiedenen Teile des Gartens in keiner Beziehung zueinander oder zu dem Schloss.

In alle Länder wurden nach und nach italienische Gärten eingeführt.

In Deutschland nannte man die Einteilung in viereckige Beete, an deren Ecken oft Statuen standen, »die gevierte und geschachzabelte« Einteilung. Die Beete waren überall mit komplizierten geometrischen Mustern aus niedrig wachsendem Grün ausgefüllt. Die Zwischenräume waren mit Sand oder Steinen ausgelegt, eine Mode, die sich zweihundert Jahre hindurch hielt.

In Italien sammelten die Privatleute möglichst viele Pflanzen in ihren Gärten. Sie pflanzten Hecken aus den verschiedenen Rosengattungen. Sie sammelten Rebensorten und legten große Küchengärten an. Die Pflanze selbst galt unabhängig von einem Zweck – dem des Heilens oder Ernährens – als interessant.

Auch der Irrgarten kam wieder auf, das Labyrinth des Minotaurus, aus dem Ariadne einst den Theseus an einem Faden herausgeführt hatte und das sich tatsächlich schon auf uralten kretischen Münzen findet. In England gab es Irrgärten, die merkwürdigerweise ins Gras geschnitten waren. In ganz Europa wurden Irrgärten aus Rosenhecken angelegt, bevor man sich dafür des Taxus' bediente.

Die Blumenentdecker der Renaissance

Wir sind an dem Punkte angelangt, wo Blumen nicht um ihrer Heilwirkung, nicht um ihres Nährwertes und nicht um ihrer Zauberwirkung willen Beachtung finden.

Die mühselige Abschreiberei hatte aufgehört. Es begann das gedruckte Wort. Der von Gaza übersetzte Theophrastus erlebte acht lateinische Auflagen und eine italienische. Aber was war das gegenüber den Werken von Plinius, die von 1469–1600 einundzwanzig lateinische Auflagen hatten und zwölf italienische, französische und deutsche. Die Werke des Dioskorides, die ja schon der Urquell der arabischen Kräuterlehre gewesen waren, erlebten gar dreißig griechische und lateinische Auflagen und unzählige Übersetzungen und Überarbeitungen. Sie blieben bis ins 17. Jahrhundert alleinige Autorität der Botaniker und Pharmazeuten.

Es war ein herrliches Jahrhundert, in dem Ulrich von Hutten ausrufen konnte: »Es ist eine Lust zu leben!«, und Peter Vischer sich als Grabspruch wählte: *Vitam non mortem cogito* (Ich denke an das Leben, nicht an den Tod), das Jahrhundert von weltoffenen Habsburgern, in deren Reich die Sonne nicht unterging, ein hoffnungsvolles Jahrhundert.

Die Buchdruckerei war in Deutschland entdeckt worden, und der Einfluss der Renaissance kam auf dem Gebiet der Botanik in den Kräuterbüchern von Brunfels, Bock und Fuchs zum Ausdruck. Diese Männer aus der großen und so völlig vergessenen Schar deutscher Humanisten sahen sich schon die lebendige Pflanze an, verglichen sie mit den klassischen Beschreibungen und gaben sie wieder mit der großen deutschen Holzschneidekunst des 16. Jahrhunderts. Eine neue Generation war geboren, die das Wunder der Renaissance auf dem Gebiet der Blumen vollendete. Ein paar Menschen nur, jeder eine scharf umrissene Persönlichkeit, die da anfingen, wo Aristoteles und Theophrastus 2000 Jahre vorher aufgehört hatten.

Als die Deutschen Bock, Fuchs, Brunfels und Geßner, als der Italiener Matthioli, als die Kinder der Vereinigten Niederlande Dodoens, L'Ecluse und L'Obel und die Schweizer Brüder Bauhin ihr Werk vollendet hatten, waren in der kurzen Zeitspanne zwischen 1530 und 1610 6000 Pflanzen bekannt geworden. In diesen achtzig Jahren hatten die Männer, deren Vaterland Europa war, die in London und Wien, in Prag und Nürnberg und Montpellier, in Paris und Görz wirkten, mit ihrer Liebe zu den überflüssigsten Gebilden auf diesem Planeten fertiggebracht, dass statt der Rosen und Lilien Karls des Großen nunmehr Blumen von nie geahnter Verschiedenheit und Schönheit die Freude der Menschen wurden. Aber alle diese Männer suchten die neu entdeckten Pflanzen noch mit jenen der Alten zu identifizieren – oder sie betrachteten sie als einen Annex zum Dioskorides oder Theophrastus.

Das allererste der neuen Bücher kam aus Frankfurt am Main. Es war von einem Dr. v. Cube für einen reichen Amateur zusammengestellt worden. Nachdem Cube entdeckt hatte, dass nicht alle Pflanzen, die die Alten erwähnt hatten, wie bisher angenommen, am Rhein wuchsen, machte er 1485 die unendlich beschwerliche Reise ans östliche Mittelmeer, in die antike Welt: »Damit ich nicht das edle Werk, das ich begonnen, unfertig zurücklasse, und damit meine Reise nicht nur meiner Seele wohl tue, sondern der ganzen Welt ein Wohlgefallen, nahm ich einen Maler von Vernunft mit, der geschickt und begabt ist.« Sie reisten durch Italien, den Balkan, über Kreta, Rhodos und Zypern nach Jerusalem, machten den üblichen Umweg über den Berg Sinai und kehrten über Kairo und Alexandrien nach Frankfurt zurück.

Bock, Brunfels und Fuchs wurden um 1500 in Süddeutschland geboren. Bock und Brunfels, beides begabte Kinder kleiner Leute, wurden fürs Kloster bestimmt. Aber 1517 nagelte Luther seine Thesen an die Schlosskirche zu Wittenberg, und eine Bewegung, die anfängt, wenn man einundzwanzig Jahre alt ist, die macht man mit. So wurden Bock, Brunfels und auch Fuchs, der aus wohlhabendem Hause stammte, leidenschaftliche Protestanten, und da die protestantischen Eltern ihre Kinder nicht mehr in die Klosterschulen schicken wollten, so mussten rasch protestantische Schulen gegründet werden. Fuchs, Bock und Brunfels wurden, obzwar sie Medizin studierten, zuerst einmal Lehrer. Bock bekam daneben die Aufsicht über die Gärten seines Pfalzgrafen und schließlich eine Predigerstelle. Er predigte das Evangelium, hatte eine große ärztliche Praxis und botanisierte. Eine schöne Existenz! Aber er gab das alles auf und wanderte aus, weil er nicht den kleinsten Teil der reinen christlichen Lehre aufgeben wollte. Denn der Pfalzgraf wagte nicht, sich zum Protestantismus zu bekennen, obwohl er im Herzen ein Protestant war. Wie viele Menschen in dieser Zeit und in Deutschland ging Bock deshalb ins Elend. Schließlich rief ihn der Graf von Nassau zu sich, weil Bock ihn einst von einer schweren Krankheit geheilt hatte. Bock verfasste das *New Kreutterbuch*, das acht Auflagen erreichte. Er war nicht nur eine so ehrliche Seele, dass er lieber Not litt, als dass er von einem Menschen abhängig war, der seine wahre Meinung verbarg, er war auch von der gleichen Ehrlichkeit bei seiner Arbeit, und er war der Erste, der nie eine Pflanze in sein *Kreutterbuch* aufnahm, wenn er sie nicht selbst gesehen hatte. Er hat 800 Pflanzen beschrieben und war einer der emsigsten Pflanzensucher aller Zeiten. Sein 1539 erschienenes Buch beginnt mit den folgenden Worten: »Nach Erkundung aller Geschrift unter der hellen Sonne, erfindet sich's klar, dass der allmächtige Gott und Schöpfer der allererst Gärtner, Pflanzer und Baumann aller einfachen Gewächse ist und bleiben wird. Denn zuvor und ehe der Mensch geschaffen, sind je alle Gewächse mit ihrer Zierung, artlichem Geschmack, Kraft und Wirkung aus der lieben Erde gekrochen und von Gott nach aller Notdurft zugerüst und ausgebreit gewesen.« Bock erklärte Gott zum ersten Botaniker, Adam zum zweiten Botaniker, auf den die Botaniker Kain, Noah, die Chaldäer, Ägypter, Griechen folgten, unter denen, nach dem Zeugnis Ovids, Apollo als Botaniker voranstand. Er nannte als erste Pflanze, mit einem derben Scherz, es war eine derbe Zeit, die Brennnessel, »weil die so reinlich ist, dass niemand sie, wiewohl sie gern hinter Zäunen wächst, zu besudeln wagt«.

Fuchs, nach dem die Fuchsie benannt ist, wurde Arzt des Markgrafen von Ansbach, wo er erfolgreich eine Epidemie bekämpfte. Späteren Pestepidemien ging er allerdings aus dem Wege, obwohl er Arzt war. Er erhielt schließlich eine Professur in Tübingen und gab in lateinischer und deutscher Sprache ein Kräuterbuch, *De Historia Stirpium,* heraus. Auch dieses Buch basierte im Wesentlichen auf dem Dioskorides. Es wurde 1545 ins Französische übersetzt und hatte *une vogue prolongée*, es war, so würde man heute sagen, ein Bestseller. Fuchs hat die unterirdischen Teile der Pflanzen besonders gut beschrieben. Er hat als Erster den Fingerhut erkannt und *Digitalis* genannt. Fuchs beklagte sich darüber, dass man ihn ausplündere. Die Illustrationen seines Buches wurden in England, Antwerpen und Frankreich bis 1774 benutzt. Fuchs erhielt einen Ruf an die Universität Pisa, einen weiteren nach Dänemark, aber er zog Tübingen vor. Er wurde von Karl v. geadelt, und Kaspar Bauhin, der letzte der klassischen Sammler, war sein Schüler. Aber die um 1500 Pflanzen erweiterte Fassung seines Kräuterbuchs blieb ungedruckt. Es fand sich kein Verleger. Um das Buch unterzubringen, blähte er sich auf, nannte sich »einen höchst berühmten, viel übersetzten Autor«, kurzum, er machte all den Unsinn, den ungedruckte Autoren machen. Er schrieb an Gott und die Welt, auch an seinen Gönner Herzog Albrecht von Preußen, es sei »ein treffliches, herrliches, großes Werk«. Es blieb ungedruckt. Die Handschrift wurde 1732 für 350 Gulden in Wien angeboten und blieb seitdem verschollen. Die Illustrationen wurden vom Buchhändler Vanderloo gekauft, um damit die Werke des Dodoens auszustatten.

Was Otto Brunfels' *Herbarum Vivae Eicones, Contrafeyt Kreutterbuch* am meisten auszeichnet, sind die Abbildungen. Man hatte ja nicht nur den Text abgeschrieben und immer wieder abgeschrieben, sondern die herrlichen Pflanzenbilder der Antike waren kopiert und kopiert worden, bis nur noch ein unverständliches Gekrakel, die Strichzeichnungen eines Kindes, übrig geblieben war, eine Karikatur der

Pflanze, die ungekonnte armselige Schmiererei eines müden Mönchs, der nicht auf die Idee gekommen war, sich einmal selber eine Blume anzusehen. Und jetzt – nicht ganz plötzlich, die großen Maler hatten Blumen immer herrlich abkonterfeit – machte Weidnitz, ein Freund Dürers, seine Bilder im Buch von Brunfels zu einem Höhepunkt der Pflanzenillustration. Nach vierzehn Jahrhunderten hatte Weidnitz den Mut und die Kraft, sich die Natur wieder genau anzusehen und sie abzumalen, wie er sie sah, oder, wie Dürer es ausdrückte, »als ich kann«.

Der Bedeutendste, der Mittelpunkt eines großen Kreises europäischer Naturforscher, war Konrad Geßner, der Sohn eines armen Kürschners, der in einem der allerersten Religionskriege fiel, in dem Treffen der Züricher gegen die katholischen Kantone. Geßner musste die Schule aufgeben und Unterricht im Griechischen erteilen, während er mit einem Stipendium der Stadt Zürich in Bourges Medizin studierte und nebenbei noch Hebräisch lernte. Als Achtzehnjähriger kam er nach Paris und schwelgte in universaler Bildung. Er klagte später darüber, dass ihm in dieser Zeit der Rat eines älteren Mannes so sehr gefehlt habe.

Mit fünfundzwanzig Jahren wurde er Stadtarzt in Zürich. Er arbeitete unendlich viel. Er gab ein griechisch-lateinisches Lexikon heraus. Er übersetzte die griechischen und lateinischen Naturforscher. Er war der Erste, der Pflanzen analysierte, der Erste, der neue Arten entdeckte. Er hatte alles Material für eine allgemeine Geschichte der Pflanzen beisammen, hatte 1500 Holzschnitte unter seiner Leitung schneiden lassen und noch nichts veröffentlicht, als er an der Pest starb. Die »Großen«, Fuchs und Matthioli, benahmen sich anmaßend gegen ihn, der ein Mensch wie Bock war. Er gab unausgesetzt Werke anderer zugunsten anderer heraus, vollendete sie, wenn sie noch unfertig waren, schrieb Vorreden, stellte eigene Arbeiten zurück, ließ den Waisen eines Freundes das Geld für ein von ihm herausgegebenes Werk zukommen. Er hatte zuletzt auch das, was man »Erfolg« nennt, wurde Professor, konnte nach Venedig reisen, wurde 1559 von Kaiser Ferdinand nach Wien beschieden, aber das Material, das erste selbstständige Material über Blumen seit Aristoteles, Theophrastus und Dioskorides, das lag in der Schublade, und die 1500 Zeichnungen dazu.

Geßner suchte testamentarisch durch seinen Freund Wolf die Herausgabe zu sichern, aber die Kosten waren zu hoch. Wolf verkaufte schließlich alles, inklusive der meisterhaften Zeichnungen Geßners, für 175 Gulden, wovon das meiste an die Formschneider ging, die noch nicht bezahlt waren, an den Botaniker Camerarius, unter der Bedingung, dass der die Zusammenhänge ganz klar machte. Aber Camerarius benutzte die Geßnerschen Bilder zur Ausstattung eigener Werke und vermischte sie so mit anderen, dass er den armen Geßner auch noch um das bisschen Nachruhm betrog.

Zweihundert Jahre später sammelte ein Herr Trew in Nürnberg botanische Literatur und gab endlich 1000 Holzschnitte von den ursprünglichen 1500 unter Geßners Namen heraus (*Gesneri opera botanica*, 1751).

Und mit dem Schicksal Geßners muss man das des Petrus Andreas Matthioli vergleichen, eines Konquistadors auf dem Gebiete der Botanik. Das war keiner, der für das Evangelium in Not geriet, sondern ein Herr der ganz großen Welt. Matthioli gab 1544 in Venedig einen Kommentar zum Dioskorides heraus, der ein Bestseller wurde. Dreißigtausend Exemplare wurden sofort verkauft. Der italienischen Ausgabe folgte die lateinische, die mit fünfhundert Holzschnitten von Weidnitz illustriert war. Neue Auflagen kamen in Venedig und in Prag heraus. Ein Exemplar wurde der Königin Henrietta von England vermacht, als so kostbar sah man es an. Es gab Ausgaben in Syrien, in Persien, bis Memphis in Ägypten war das Buch verbreitet.

Matthioli war maßlos eitel und ehrgeizig, und der Lebensbetrachter fragt sich: Wurde er so viel gedruckt, weil er so eitel und ehrgeizig war? Er begegnete jedem Einwand mit Bitterkeit, er brachte einen bescheidenen und bedeutenden Gelehrten um seine

Stellung an der Universität Padua, nannte ihn einen unwissenden, rohen und nichtswürdigen Menschen, und das, weil er zwei Fehler Matthiolis korrigiert hatte. Einen portugiesischen Juden, Amatus Lusitanus, der brauchbare Erörterungen des Dioskorides hatte drucken lassen, kostete es beinahe das Leben, dass er anderer Meinung war als Matthioli. Matthioli nannte ihn, der, von der Inquisition verfolgt, wie ein gehetztes Tier von Ort zu Ort fliehen musste, einen »Halbjuden, Halbchristen«. Lusitanus setzte seine Studien in der Türkei fort, ist aber dort verschollen. Dabei hatte dieser Matthioli ein unbeschreibliches Glück. Luca Ghini, der ein ähnliches Werk zu schreiben beabsichtigte, trat ihm das ganze gesammelte Material ab. Er wurde geadelt und zum Hofrat ernannt. Als sein Haus in Görz abbrannte, gaben ihm der Magistrat und die Einwohner so viel Geld, dass er reicher wurde, als er vorher gewesen war. Schließlich wurde eines seiner Bücher von Camerarius mit Geßners Holzschnitten geschmückt, und er wurde Arzt des Erzherzogs Ferdinand und des Kaisers Maximilian II.

Vor allem war Busbeck sein Freund, Busbeck, der kaiserliche Gesandte am Hofe Suleimans des Prächtigen (1522–1592) in Konstantinopel. Die Türkei spielte ein Jahrhundert lang die spätere Rolle Hollands als Lieferant von Blumenzwiebeln und Pflanzen. Busbeck war der Mittelpunkt des neuen Blumenbetriebes.

Er schrieb 1562: »Ich brachte von der Türkei einige Zeichnungen von Pflanzen und Büschen, die ich für Matthioli aufheben will. Ich sandte ihm den Kalmus und viele andere Arten.« Darunter waren der Flieder, die Rosskastanie, die Tulpe, der Jasmin, der *Hibiscus syriacus* und der *Hyacinthus orientalis.* Der Flieder wurde erst hundert Jahre später von Tradescant in England eingeführt.

Busbeck beschrieb ein Vierteljahrtausend nach Petrarca seinen erfolglosen Versuch, die herrlich illustrierte Handschrift des Dioskorides, die der byzantinischen Prinzessin gewidmet war, »dem Wagen voll, ja Schiff voll von griechischen Manuskripten, die ich nach Wien gesandt, beizufügen«. Aber sieben Jahre später war die Handschrift doch in Wien, wo sie noch heute ist. Busbeck verehrte außerdem Matthioli zwei Manuskripte des Dioskorides, die von wesentlichem Einfluss auf Matthioli waren.

Zu den deutschen Protestanten, von denen vorhin die Rede war, gehörte auch William Turner, ein protestantischer Flüchtling aus England. Er lebte 1539 bis 1547 in Köln. Er hat manche Ähnlichkeit mit den deutschen Botanikern. Auch er war von kleinem Herkommen – sein Vater war Gerber –, auch er studierte Medizin, diesmal nicht mit der Hilfe einer Stadt oder eines Landesherrn, sondern, wie in England üblich, mit der Unterstützung eines reichen Mannes, des Lord Wentworth. Er war mit den englischen Reformatoren befreundet und veröffentlichte ein Kräuterbuch über die englische Flora. Turner beklagte sich, dass er als Student im Pembroke College in Cambridge weder die griechischen noch die lateinischen, ja nicht einmal die englischen Pflanzennamen habe erfahren können. So groß war die Unwissenheit der Zeit, so sehr haben alle diese Männer mit dem Abc anfangen müssen.

Das große Trio: Dodoens, L'Ecluse, L'Obel

Etwas jünger als die Verfasser der ersten Kräuterbücher waren Dodoens, latinisiert Dodonäus (1517–1585), L'Obel, latinisiert Lobelius (1538–1616) und L'Ecluse, latinisiert Clusius (1526–1609), der größte aller Blumenforscher.

Bis etwa 1600 waren die Pflanzen, die in Gärten kultiviert wurden, von Gemüsen abgesehen, medizinische Kräuter. Das Zeitalter von Bock und Fuchs und Brunfels war der Höhepunkt der Kräutermedizin. In einem einzigen englischen Garten wurden zum Beispiel 300 bis 400 verschiedene Arten von Heilkräutern gezogen. »Gemüse wurden geduldet, Frucht und Blumen wurden geschätzt, aber medizinische Kräuter waren die Hauptsache, ohne die der Mensch nicht leben konnte.« Und es ist erstaunlich, dass zur gleichen Zeit in dem unbekannten Erdteil

Amerika Montezuma in Mexiko einen Garten voll medizinischer Kräuter besaß, deren Heilwirkung jeder Azteke kannte. Nur waren die Gärten Montezumas bedeutender als die europäischen Gärten jener Zeit (1520). Sie enthielten Zinnien, Dahlien, Tigridas, Sonnenblumen und Convulvus, die alle in Europa unbekannt waren.

Als Dodoens, L'Ecluse und L'Obel ihr Lebenswerk vollendet hatten, wurden Blumen wieder, zum ersten Mal seit Roms Weltherrschaft, eine Sache des täglichen Gebrauchs, eine Modetorheit, eine Leidenschaft, ein Handelsgegenstand, ein Spekulationsobjekt, fast wie Kunstgegenstände. Heute die Orchidee und gestern die Tulpe, einmal die Kamelie und ein andermal die Fuchsie oder die Chrysantheme. Nicht mehr Heilkräuter, nicht mehr Gemüse, sondern Blumen. Die Notdurft war gestillt, der Reichtum Europas begann. Blumenentdecker, Blumenpfleger und Blumenhändler bildeten einen internationalen Freundeskreis, dessen Mitglieder miteinander korrespondierten und Samen, Zwiebeln und Pflanzen von Wien bis London und Paris hin- und herschickten.

Dodoens, L'Obel und L'Ecluse waren Freunde, halfen sich, zeigten sich gegenseitig ihre Pflanzen. Alle drei kamen in die Mühle der Religionskriege, waren Menschen wie wir Kinder der dreißiger und vierziger Jahre des 20. Jahrhunderts, mit Schicksalen, die sie nicht ändern konnten.

Dodoens war in Mecheln geboren. Sein Vater war Kaufmann. Man ließ den Sohn Astronomie, Geografie und Botanik studieren, in Löwen, in Frankreich, in Italien. 1548 wurde er Stadtarzt in Mecheln, und das Leben ging ruhig weiter, ein geschäftiges Dasein, in dem er lehrte und viel botanisierte, bis ihn ein Freund, der Buchhändler Johann Vanderloo, aufforderte, eine Geschichte der Pflanzen auf Flämisch zu schreiben. Zur Illustration wurden Abbildungen aus dem Fuchs benutzt. 1557 bekam Dodoens einen Ruf als Professor an die Universität Löwen, den er gern angenommen hätte, aber dennoch ablehnte. Die Verhandlungsweise, so schrieb er, sei seiner unwürdig gewesen, da man zugleich mit anderen verhandelt habe, und noch dazu wäre die Bezahlung schlecht gewesen.

Dodoens wechselte seinen Verleger, er trat mit Plantyn in Verbindung, der für Dodoens' Werk neue Holzschnitte anfertigen ließ. Dieser Plantyn, dessen faszinierendes Haus mit der Druckerei, der Binderei und dem Buchladen noch heute in Antwerpen besichtigt werden kann, war ein Wunder von einem Verleger. Da wurde auch das Entlegenste für immer aufbewahrt. Plantyn beschäftigte den Blumenmaler Pierre van der Borscht, zuerst als freien Mitarbeiter, dann als festen Angestellten. Noch fast hundert Jahre später wurde das Werk des Engländers Gerard mit 2677 Holzschnitten aus dem unerschöpflichen Vorrat der Plantynpresse illustriert.

Inzwischen war der Leibarzt Philipps II. von Spanien, ein Niederländer, ums Leben gekommen. Philipp wollte wieder einen Niederländer als Leibarzt. 1564, als es schon schwelte in den Niederlanden, schrieb er deshalb an den Herzog von Alba. Philipp war ein ungemein fleißiger Mann, der nächtelang aufblieb, um Todesurteile gegen Ketzer zu unterschreiben, aber wenn es sich um seine eigene Gesundheit handelte, war ihm eben ein Ketzer lieb. Philipp nannte Dodoens, aber Alba machte Schwierigkeiten, weil er fand, der König nehme besser einen Spanier. Diese Korrespondenz zog sich von 1568 bis 1572 hin. Da wurde Mecheln von den Spaniern geplündert. Dodoens' Frau starb. Nichts hielt Dodoens mehr, und er ging 1574 als Leibarzt Maximilians II. nach Wien, wo er L'Ecluse traf, der den kaiserlichen Gärten vorstand. Aber die Zeiten waren unruhig und gefährlich, und Dodoens verließ Wien aus Sorge um seinen Grundbesitz in Mecheln, den er im Krieg ungern allein ließ; denn inzwischen waren die Niederlande in vollem Aufruhr. Aber Dodoens kam nicht über Köln hinaus; acht Jahre blieb er, erlebte aber immerhin dort den Druck eines seiner Bücher. Endlich, 1582, konnte er wieder nach Mecheln, das zum zweiten Mal geplündert worden war. Nun versuchte er rasch, das versäumte Leben nachzuholen. Er ordnete seine Angelegenheiten, begab sich nach Antwerpen zu Plantyn, wo sein Hauptwerk herauskam, und im selben

Jahr, drei Jahre vor seinem Tode, wurde er endlich Professor in Leiden.

Der Hervorragendste der drei war L'Ecluse, der Sohn eines wohlhabenden Gutsbesitzers, Seigneur de Watènes, aus Arras, jener Schicksalsecke Europas. Auch sein Leben begann in bürgerlicher Wohlhabenheit. Er ging in Gent zur Schule und studierte in Löwen die Rechte, aber er litt von Jugend auf an einer Zerbrechlichkeit der Knochen und hatte geistige Wünsche, was beides das Leben nicht erleichterte. Er ging nach Wittenberg, der ersten Universität der Welt nach des Erasmus von Rotterdams Urteil, um Melanchthon und Luther zu hören; dann nach Frankfurt, nach Straßburg, nach Lyon und endlich nach Montpellier zum Doktor Rondelet (zu dem zehn Jahre später auch L'Obel kam), bei dem er wohnte, bei dem er aß, der ihn heilte und zum Botaniker machte. Rondelet war Rabelais' Freund, der ihn leicht erkennbar als Doktor Rondibilis in seinem *Gargantua und Pantagruel* geschildert hat. Rondelet war ein Weltkind, befreundet mit dem Kardinal de Tournon, den er zu den Friedensverhandlungen in Cambrai begleitete. Aber das hinderte Rondelet nicht, der gute Geist dieser leidenschaftlichen Protestanten L'Ecluse, L'Obel und später der Schweizer Brüder Bauhin zu sein. Er betraute L'Ecluse mit der Herausgabe seines Werkes über Fische und regte ihn an, Savoyen und Piemont nach Pflanzen zu durchforschen. Inzwischen hatte sich L'Ecluse zu einer echten Erscheinung der Renaissance entwickelt. Er konnte Griechisch, Lateinisch, Französisch, Italienisch, Spanisch, Portugiesisch, Flämisch und Deutsch. Er war Philosoph, Historiker, Kartograf, Zoologe, Mineraloge und Numismatiker, von seinem eigentlichen Gebiet, der Botanik, ganz abgesehen. Auf Wunsch seines Vaters kehrte er nun, den Rhein hinab, nach Arras zurück, wo er acht Jahre zurückgezogen lebte. Dr. Crato von Kraftheim, der Leibarzt dreier Kaiser in Wien, vermittelte ihm schließlich eine Stellung als Begleiter der beiden jungen Grafen Johann und Markus Fugger auf ihrer Reise nach Spanien, Portugal, Frankreich und Belgien, der *grand tour* damaliger junger Edelleute. In einem Jahr sammelte er zweihundert neue Pflanzen in Spanien und gab bei Plantyn diese »seltenen spanischen Pflanzen« heraus. Später lebte er in Brügge, fuhr oft nach Mecheln zu Dodoens, der an seiner *Geschichte der Pflanzen* arbeitete, die ebenfalls bei Plantyn erschien. Es war ein arbeitsreiches, idyllisches Leben.

Da kam die Revolte gegen Alba. Der Familienbesitz der L'Ecluse wurde konfisziert, und der Vater von L'Ecluse musste als armer Mann nach Antwerpen flüchten. Ein Onkel wurde hingerichtet. L'Ecluse schrieb: »Diese blutdürstigen Menschen werden nicht gerührt von der Würde eines Siebzigjährigen, noch von den Diensten, die er für sein Vaterland geleistet hat, nicht von Mitleid für Frauen und Kinder. Eins tröstet mich, er starb treu zum Evangelium.« L'Ecluse gab seinem Vater alles zurück, was dieser je für ihn ausgegeben hatte, und lebte in höchster Dürftigkeit. Als sein Vater 1573 starb, hielt ihn nichts mehr in den Niederlanden, und als sein guter Geist Dr. Crato ihm eine Stellung in Wien vermittelte, ging er hin, um die Aufsicht über Maximilians II. Gärten zu übernehmen. Er war so arm, dass er in Wien keine Miete zahlen konnte, dazu brach er sich einen Knöchel. In den Zahlungsbüchern des Wiener Hofes wurde er als »Hofdiener« geführt, aber andererseits begleitete er den Kaiser nach Prag, wurde geadelt und blieb auch noch unter Rudolf II., im Ganzen vierzehn Jahre. Er untersuchte von Wien aus die Alpenflora, worüber er ein Buch bei Plantyn veröffentlichte. Er machte viele Reisen, zum Beispiel zu L'Obel nach London, wo er Sir Francis Drake kennenlernte. Wilfrid Blunt schreibt in seinem grundlegenden Buch über *Botanische Illustrationen*: »Bei der allgemeinen Unsicherheit über Pflanzennamen geht man am besten auf L'Ecluse zurück, der so viele Pflanzenarten als Erster benannte.«

L'Ecluse brachte die Hyazinthe von Konstantinopel nach Wien, sozusagen aufs Neue, denn sie war eine uralte europäische Pflanze. Schon 1580 gab es eine Liste von Varianten in Holland. Eine doppelte Variante erschien 1613, und bei Kaspar Bauhin, dem Letzten der klassischen Botaniker, werden neunundsechzig Arten erwähnt.

Die Aurikel war eine hübsche Blume der deutschen Alpen, deren Wurzel L'Ecluse zuerst an seinen Freund van der Delft in Belgien geschickt hatte. Dann brachten hugenottische Flüchtlinge die Aurikel nach England, und in der zweiten Hälfte des 17. Jahrhunderts wurde sie zu einer Leidenschaft der Blumenliebhaber. 400 Mark zahlte man für eine Pflanze. Um 1724 waren die Engländer die führenden Aurikelzüchter und lieferten sie auch nach Holland. Im ersten Samenkatalog überhaupt: *Twelve months of Flowers* von Robert Furbers (1730), stand die Aurikel an erster Stelle mit sechsundzwanzig Arten, dann kam die Anemone, dann die Hyazinthe und schließlich die Rose. Unter den angebotenen Pflanzen waren schon fünfundzwanzig amerikanische. Der Katalog gab bezeichnenderweise keine Preise an. Die Oberklasse, für die der Katalog bestimmt war, fragte nicht nach Preisen.

Auch die Fritillaria gehört zu den Blumen, die L'Ecluse 1576 von Konstantinopel nach Wien brachte. Er nannte sie persische Lilie. Sie war schon auf herodianischen Münzen abgebildet worden, war, wie so viele, eine persische Blume, wuchs in Palästina und erregte 1570 Aufsehen in der Türkei, wo große Summen für ihre Kultivierung ausgegeben wurden. Sie bildete den Hauptschmuck eleganter deutscher Gärten im 16. und 17. Jahrhundert. Und wie das immer ist, wenn die Leute etwas zeigen wollen, je mehr Glocken an den Fritillarien waren, für umso feiner galten sie. In Frankreich wurde eine besondere Sorte zur Stärkemehlgewinnung kultiviert, da man im 16. und 17. Jahrhundert sehr viel Stärke für Spitzenkragen und Halskrausen brauchte. Eine *Fritillaria kamkatchensis*, die in Ostsibirien, Kamtschatka, Japan und Nordwestamerika wächst, war ein äußerst wichtiges Nahrungsmittel in Sibirien. Man machte aus den Zwiebeln eine Art Brot. Sie wird Eskimokartoffel genannt.

Die Fritillarien heißen Kaiserkronen. Schon der Arzt des Herzogs von Toskana schickte die Zeichnung einer Fritillaria an John de Brancion, der zum L'Ecluse-Kreis gehörte, und nannte sie *Corona Imperialis*, und in dem berühmten Hauptwerk des Zeitalters der Galanterie, der *Girlande der Julia*, erklärte ein Dichter barockerweise: »Hätte Gustav Adolf von Schweden die Kaiserkrone errungen, dann hätte er sie Julia angeboten, und da er in eine Fritillaria verwandelt wurde, so überreichte er sie ihr unter dem Namen ›Kaiserkrone‹«. Das war die Galanterie von 1640!

Es gibt noch eine andere, viel weniger preziöse Fritillaria, *Fritillaria maleagris* (Schachbrettblume), eine hübsche lila Glocke, eine Frühlingsblume. Diese Fritillaria wurde zuerst *Narzissus caparonius* genannt, zu Ehren von Noël Capron, einem Apotheker in Orléans, der sie entdeckt hatte. Er wurde in der Bartholomäusnacht ermordet. Ein Engländer ist so empört darüber, dass er 1824 schreibt: »In jedem Garten sollte eine Ecke dieser Blume gewidmet sein als ein Memento, dass wir durch die Verfolgung anderer nur unser eigenes Glück verringern.«

Und er gibt die folgenden erschütternden Zahlen: »Die Verfolgung der Protestanten kostete Frankreich eine Million Menschen, 150 Millionen Pfund Sterling, neun Städte, vierhundert Dörfer, zweitausend Kirchen, zweitausend Klöster und zehntausend Häuser, die zerstört wurden.« Diese Fritillaria und die ersten gelben Krokusse schickte Jean Robin von Paris an Gerard nach London.

Die Anemone, 1730 die beliebteste Blume nach der Aurikel, ist uralt. Anemonenkränze waren schon bei den Römern beliebt, und höchst beliebt in England zur Zeit der Königin Elisabeth. Dodoens hat fünf und L'Obel acht Arten verzeichnet. Über die Verbreitung der sogenannten französischen Anemonen, eine Art mit besonders glänzenden Farben, wird Folgendes berichtet: Ein Monsieur Bachelieu hatte zu Beginn des 17. Jahrhunderts herrliche Anemonen aus dem fernen Osten bekommen, aber zehn Jahre lang gab er weder für Geld noch aus Freundschaft welche her. Eines Tages, als die Anemonen Samen trugen, besuchte ihn ein witziges Mitglied des französischen Parlaments, andere sagen, es sei der Bürgermeister von Antwerpen gewesen, und ließ seinen pelzbesetzten Mantel auf die Anemonen fallen. Der Diener des Besuchers nahm den Mantel auf und brachte so den Samen mit. Auf diese Weise verbreiteten sich diese Anemonen über die Pariser Gärten.

Den seltenen und schönen Türkenbund (*Lilium martagon*) machte ein venezianischer Patrizier dem belgischen Gesandten zum Geschenk. Dieser schenkte ihn dem schon erwähnten Brancion, wodurch er van der Delft bekannt wurde, der die schöne Pflanze malen und in Kupfer stechen ließ. Eine Madame de Kuneysberg scheute dann keine Kosten, um sie in Brüssel im Großen zu kultivieren, und L'Ecluse sorgte dafür, dass sie weiterverbreitet wurde. Das ist ein schönes Beispiel des neuen Blumenbetriebs, der sich um L'Ecluse entwickelt hatte.

L'Ecluse hatte in Wien auch die chalzedonische Lilie gesehen. Er ließ sich vom Gesandten in Konstantinopel eine Knolle besorgen und schickte sie nach den Niederlanden. Aber mit dieser Lilie war ihm ein Monsieur Dalechamps zuvorgekommen, der sich Samen aus Konstantinopel direkt nach Frankreich hatte kommen lassen.

Auch die Ranunkel wurde von L'Ecluse aufs Neue eingeführt. Den Römern waren vier Arten davon bekannt gewesen. Sie hatten sie *Rana* – Froschblume – genannt, weil die Frösche sie bevorzugten. Dann brachte Ludwig IX. sie vom sechsten Kreuzzug aus dem Orient mit. Sie ging aber offenbar wieder verloren. Zur Zeit der Königin Elisabeth wurde sie nochmals von der Türkei nach England eingeführt. In der Türkei war sie die hochangesehene Lieblingsblume Mohammeds II., die die Gärten des Serails schmückte. In England dagegen erregte sie gar kein Aufsehen. Schließlich konnte sich L'Ecluse eine Ranunkel beschaffen, die ihm allerdings gestohlen wurde – ein Beweis dafür, wie weit man schon war, da es lohnte, Blumen zu stehlen. Jedenfalls kultivierten sie die Holländer, und im 18. Jahrhundert brach eine Ranunkelmanie in England aus. Tausende von Sorten wurden gezüchtet. Englische Gartenfirmen boten noch 1792 achthundert verschiedene Sorten an, die aber 1820 auf vierhundert zurückgegangen waren.

Ebenfalls aus Konstantinopel bekam der Schatzmeister der Königin Elisabeth eine riesige Sendung der guten, alten Narzisse, darunter schon die doppelte. Er ließ sie auf die Uferbank der Themse bis an den »Strand« anpflanzen und hatte so ein buntes Feld von Blumen. Um 1820 kam die Narzisse in Mode, und man fand in den Katalogen der belgischen, holländischen und französischen Zwiebelhändler fast hundert Spielarten.

1594 bekam L'Ecluse ein armseliges Exemplar von einer Tuberose aus Indien. Die Tuberose stammt eigentlich aus Mexiko.

L'Ecluse brachte auch die Iris, aus der das Veilchenpulver gemacht wird, von Konstantinopel nach Wien und Holland. Die Feuerbohne sah er zuerst in einem Kloster in Lissabon. Sie war aus Peru nach Spanien gebracht worden. L'Ecluse erhielt den Samen direkt aus Brasilien, schenkte ihn an Freunde weiter, und so verbreitete sich die Feuerbohne in Europa. Kurz vor seinem Tode 1609 erwähnte er als Erster die Vanillenorchidee. Er behandelte die *Rosa centifolia* als große Kostbarkeit; denn er fand nur *ein* Exemplar in Europa, und zwar in Frankfurt. 1590 bekam er Skabiosensamen aus Italien. Er fand die *Hepatica* (Leberblümchen) in den österreichischen Bergen, ebenso wie das Alpenveilchen, um nur einige zu nennen. Er sprach übrigens immer noch von Kranzblumen. 1563 hatte er, offenbar in Portugal, ein wertvolles Buch gefunden, das von einem Dr. García del Huerto in Goa, der alten portugiesischen Kolonie in Indien, veröffentlicht worden war. Dr. García del Huerto hatte dreißig Jahre als Arzt in Goa gelebt und in Bombay einen botanischen Garten angelegt. L'Ecluse übersetzte das Büchlein ins Lateinische und ließ es bei Plantyn erscheinen. In diesem Buch waren die ersten Nachrichten über Aloe-, Kampfer-, Betel-, Muskat-, Zimt-, Pfeffer-, Nelken- und Rhabarberpflanzen. 1578, also noch in Wien, beschäftigte er sich mit der mühevollen Arbeit des Herausgebens und Übersetzens und verbreitete so die Kenntnis von vielen orientalischen Pflanzen. Drake machte ihn zum Beispiel mit der Kakaopflanze bekannt. Am folgenreichsten war wohl seine Einführung der Kartoffel in Deutschland und Österreich. In spanischen Büchern über Peru war die Kartoffel zum ersten Mal beschrieben worden. Die Spanier hatten sie um 1550 in ihr Mutterland gebracht. Von dort kam sie nach Italien. Ein Dekret des Papstes führte sie in Belgien ein. Sehr merkwürdig ist, dass selbst ein Mann wie L'Ecluse, der unendlich viele Pflanzen entdeckt, verbessert und eingeführt hat – dass selbst solch ein Mann noch immer glaubte, es müsse alles, aber auch alles, bei Theophrastus oder Dioskorides zu finden sein, und so wollte er die Kartoffel in der *Arachnida* (Trüffel) von Theophrastus wiedererkennen.

1587 verließ er Wien für immer, des Hoflebens müde, wie er sagte. Aber wahrscheinlich auch, weil er die Härte Rudolfs II. gegen die Protestanten nicht mehr mit ansehen konnte. Er lebte in Frankfurt, das damals ein literarischer Mittelpunkt war. Durch seine gesellschaftliche Begabung gewann er sogleich wieder die Freundschaft des Landgrafen von Hessen, der ihm eine Leibrente aussetzte. Hier in Frankfurt verrenkte er sich das Bein. Er blieb lahm, und der Mann, der Europa nach Pflanzen durchwandert hatte, konnte sich nur noch mühselig auf Krücken fortbewegen.

Endlich, mit 67 Jahren, wurde er Professor in Leiden und konnte zum ersten Male das tun, was er wirklich liebte, nämlich lehren. Er war 84 Jahre alt, als ihn der Tod seiner rastlosen Tätigkeit entriss. Sein Hauptwerk *Rariorum plantarum historia* wurde veröffentlicht, als er 75 Jahre alt war. L'Ecluse ist neben allem anderen auch der Begründer der holländischen Blumenzwiebelindustrie.

In Leiden war es denn auch, wo 1599 das erste Gewächshaus für ausländische Pflanzen errichtet wurde und wo zuerst, um 1700 von H. Boerhave (1668–1738), die Fenster von Treibhäusern schief gestellt wurden. Der erste botanische Garten war schon im 14. Jahrhundert für Karl IV. in Prag von Angilo, dem Florentiner, geschaffen worden, zur gleichen Zeit wie die erste deutsche Universität. Botanische Gärten wurden 1542 in Pisa, 1545 in Padua, 1559 in Florenz, 1568 in Bologna angelegt. Königsberg, dieser westliche Vorposten im Osten, folgte schon 1551, Leiden 1577, Leipzig 1580, Breslau 1587, Heidelberg 1597, Montpellier 1598.

L'Obel, der jüngste der drei, wurde 1538 in Lille geboren. Er war schon 27 Jahre alt, als er bei Rondelet in Montpellier studierte. Rondelet hinterließ ihm alle seine Manuskripte. L'Obel beschrieb die Flora von Montpellier und die der Cevennen. Er verfasste eine Geschichte des Getreides. Während des Aufstandes in den Niederlanden verließ er das Land, um in Ruhe arbeiten zu können. Aber im Gegensatz zu Dodoens und L'Ecluse ging er nach London, kehrte nach dem

Aufstand als Leibarzt Wilhelms des Schweigsamen von Oranien zurück und blieb bis zu dessen Ermordung (1584) in Delft. Danach schiffte er sich mit einer Empfehlung an die Königin Elisabeth nach England ein. Lord Zouch unterstellte ihm seinen medizinisch-botanischen Garten in Hackney und wählte ihn für eine Gesandtschaftsreise nach Kopenhagen zu seinem Begleiter. L'Obel wurde königlicher Botanograf Jacobs I., heiratete eine Engländerin und starb 1616 in Highgate. Was für ein glückliches Land, in dem das Leben so ereignislos verläuft, ein Land, in dem gar nichts passiert, in dem ein Mensch, der einmal angekommen ist, immer so weiter lebt, und wenn es sehr gut geht, wird eine Blume nach ihm benannt, die liebe kleine blaue *Lobelia*, deren Schicksal es ist, auf öffentlichen Plätzen mit Alyssum abzuwechseln, um die Geranien einzufassen.

L'Obel war ein ungemein scharfer Beobachter, aber trotzdem gab er noch immer Erklärungen, die er aus dem Galen oder dem Plinius hatte. L'Obel war der Meinung, dass man in den südlichen Niederlanden (Belgien) mehr Sorten von Pflanzen finde als im ganzen übrigen Europa. Löwen wurde zu einem Treffpunkt von Amateuren und Gelehrten aus ganz Europa, die aus aller Welt, sogar schon aus der Neuen, zahllose Pflanzen kommen ließen.

Übrigens war L'Obel der erste, der eine genaue Beschreibung aller Rosen gab, die am Ende des 16. Jahrhunderts in Europa kultiviert wurden. In seinen *Icones* von 1581 beschreibt er sieben Sorten.

Trotz der Ruhe gab es natürlich ein geistiges Leben in London, und L'Obel befreundete sich mit Gerard, dessen *Herball* oder Kräuterbuch (1597) ungeheuer berühmt wurde. Es war ein Hauptwerk der englischen Renaissancebotanik. Tatsächlich hatte Gerard siebzig neue Pflanzen zum ersten Mal verzeichnet, und er kultivierte in seinem Garten in Holborn über tausend verschiedene Arten. Aber sein hochberühmtes *Herball* war nichts anderes als eine Übersetzung, die ein Doktor Priest von Dodoens' *Pemptades* gemacht hatte. Er nahm auch viel aus dem L'Obel dazu, und, da er nicht viel Latein konnte, noch dazu in schlechter Übersetzung. Der Drucker, der das merkte, wollte L'Obel engagieren, aber Gerard lehnte ab, weil »L'Obel zu schlecht Latein könne«. Die Illustrationen stammten aus einem der allerersten deutschen Kräuterbücher, das noch vor Brunfels und Bock erschienen war, dem des Jacobus Theodorus Tabernaemontanus (also auf deutsch: Jakob Theodor Berghütte oder Berggasthaus, oder hieß er vielleicht Berghauser?). Dazu kam, dass »er die dunkelste aller botanischen Sünden beging«, er säte nämlich die wilde Päonie aus und behauptete hinterher, er habe eine neue englische Blume entdeckt!

Man muss das Porträt von Gerard sehen, wie er den Spitzbart würdig auf die Halskrause gelegt hat, ein

Wappen rechts, ein Wappen links und eins in der Mitte. Natürlich war er Meister der Badergilde, die verkörperte Respektabilität. Nachdem das *Herball* erschienen war und Gerard von allen Seiten bewundert wurde, zog sich L'Obel von ihm und allem zurück und wurde, wie es heißt, »ein harter Mensch«.

Was hätte L'Obel tun können? Sich als Ausländer auf einen Beleidigungsprozess mit dem Meister der Badergilde einlassen? Er musste »ein harter Mensch« werden.

Gärten um 1600

Als diese drei Freunde ihr Lebenswerk vollendet hatten, war die Zeit gekommen, dass 1608 ein Werk erscheinen konnte: *So nur durch die Eleganz der Blumen empfehlenswert, kunstvoll in Kupfer gestochen von Pierre Vallet, brodeur ordinair du Roy.* Das Buch, das erste einer langen Reihe, hieß *Le jardin du Roy très chrestien Henry IV, Roy de France et de Navarre, dédié à la Royne.* Der Eingang zu erwähntem königlichem Garten wurde von Statuen L'Ecluses und L'Obels flankiert.

Es war ein ruchloses Jahrhundert, das jetzt begann. In England fiel unter dem Beil des Volkes zum ersten Mal ein gekröntes Haupt. In Frankreich wurde der Reichtum eines ganzen Volkes zur Verherrlichung *eines* Mannes und seiner Umgebung verwendet, was immer noch besser war als die Vernichtung des gesamten Reichtums in Deutschland ohne Sinn und Zweck im Dreißigjährigen Krieg.

Repräsentation war das Zeichen der Epoche, Schlösser und Gärten wuchsen in Glanz.

Schon in der Mitte des 16. Jahrhunderts hatte Konrad Geßner Ratschläge für das Anlegen eines Gartens gegeben. Er hielt es dabei schon für erforderlich, fünf verschiedene Einkommensgruppen zu berücksichtigen, im Gegensatz zu den zweien, die Crescentius dreihundert Jahre früher gekannt hatte, nämlich arm und reich.

1. *Gewöhnliche Nutzgärten mit Gemüse, Wein, Obst und Rasen für Mensch und Vieh.*
2. *Medizingärten, außer jenen Sachen noch einheimische wie ausländische Heilkräuter enthaltend.*
3. *Mannigfaltige Gärten, in denen außer edlen Heilmitteln seltene Gewächse zur Betrachtung und Bewunderung der Natur sich finden.*
4. *Elegante Gärten, welche nur zur Zierde dienen, mit Lauben, Lusthäusern und Irrgärten, mit edlen immergrünen Bäumen und allen Arten von Figuren, welche die Gartenkünstelei durch Biegen und Flechten hervorbringen kann. So sind die Gärten vornehmer Damen und wohlhabender Menschen, vorzüglich aber die der Mönche.*
5. *Prachtgärten, wie weise Männer oder Fürsten oder*

Staaten sie besitzen, mit prachtvollen Gebäuden, Teichen und Wasserwerken, künstlichen Hügeln, Turn- und Ballplätzen.

Einen solchen Prachtgarten ließ sich der Fürstbischof von Eichstätt, Konrad von Gemmingen (1595–1612), anlegen, und er zahlte an einen Maler Besler dreitausend Gulden, damit sein Garten in Kupfer gestochen werde, denn es wurde allgemein üblich, solche fürstlichen Gärten abmalen zu lassen. Besler beschäftigte eine ganze Schar von Künstlern, darunter den Erbauer der Kilianskirche von Augsburg. Es wurden 1000 Blumen von 667 Arten auf 374 Stichen abgebildet. Dieser *Hortus Eystettensis* war so groß, dass er nur mit einem Karren fortgebracht werden konnte. Besler drohte, jeden zu verklagen und Entschädigung zu verlangen, der seinen *Hortus* neu herausgäbe oder Exemplare zerschneide, um einzelne Stiche auf Jahrmärkten zu verkaufen. Indessen meint Wilfred Blunt, er selber habe den französischen Maler de Bry geplündert. Diese Barbarei, die großen botanischen Werke früherer Jahrhunderte zu zerschneiden, um die Blumenkupfer daraus einzeln zu verkaufen, ist eine besondere Spezialität der letzten dreißig Jahre. Die Originalplatten des großen Werkes blieben bis 1800 in Eichstätt, wenn auch der Garten verfiel. Er wurde, wie das in Kriegszeiten zu geschehen pflegt, im Dreißigjährigen Krieg ein Gemüsegarten. 1800 wurden die Platten von den Franzosen als Altmetall weggeschleppt – was ebenfalls für Kriegszeiten charakteristisch ist.

Noch gab es Blumengärten. Die Fugger hatten in ihrem 1580 erworbenen Garten 775 Rosenstöcke. Georg Fugger kultivierte die erste Moschusrose. 1584 beschwerten sich die Augsburger, dass die Fuggergärten ihnen zu viel von ihrem Gemüseland wegnähmen. Es wird uns von Dr. Laurentius Scholz' etwas pedantischem Garten in Breslau berichtet. Laurentius hatte 1579 in Padua studiert. Er teilte seinen Garten in vier Teile ein: 1. Küchengarten, 2. Büsche, worunter Goldregen, Schneeball und Flieder waren, 3. Kräutergarten, wo es schon Pflanzen gab, die die portugiesischen Seefahrer mitgebracht hatten, 4. Blumengarten, wo jede Blume mit einem Schildchen gekennzeichnet war. Es gab dort Akelei, Mohn, Kornblumen, Lilien, Tulpen, Löwenmaul und vor allem Rosen, und zwar »seltene gelbe, Eglanterien genannt, die erst gerade aus Verona gekommen waren«. Er hatte auch ein Labyrinth aus Rosenhecken.

Er gab große Feste in seinem Garten, die *Floralia Vratislavia* nach antikem Vorbild. Eine rührende Vorstellung, diese dionysische Festesfreude bis an die Oder hin in jener kurzen glücklichen Zeit Deutschlands zwischen 1550 und 1618! Dieser berühmte Garten wurde zuletzt ein Wirtsgarten, *Pariser Garten* genannt, an den sich vielleicht ältere Breslauer noch erinnern.

Mitten im Dreißigjährigen Krieg fand Wallenstein Zeit, sich um seinen Garten zu kümmern: »Soweit ich sehe«, schrieb er, »ist kein Springbrunnen vor der Loggia in dem Gartenplan vorgesehen. Bestellen Sie dem Architekten, dass er einen Springbrunnen in die Mitte des Vierecks vor der Loggia aufstellen soll. Das Wasser soll sich dann in zwei Wasserläufe teilen, genau wie in allen anderen Fontänen. Senden Sie mir die Zeichnung und versehen Sie jeden Springbrunnen des Wasserparterres mit einer Nummer.«

Wasserbecken, Wasserspeier und Wasserscherze begannen sich ungemeiner Beliebtheit zu erfreuen. Die Wasserscherze waren in zweierlei Richtung scherzhaft. Es waren nicht immer feine Stellen, aus denen zum Beispiel bei Figuren Wasser spritzte, es konnte aber auch geschehen, dass man sich auf einen Stuhl setzte oder durch ein Tor trat und dabei mit Wasser begossen wurde.

Ein ähnliches Schicksal wie Eichstätt hatte das Schloss Idstein des Grafen Nassau. Aber der verfallene Garten wurde nach dem Dreißigjährigen Krieg wieder in Ordnung gebracht, und zwar zeitgemäß, das heißt französisch, ausgestattet mit einer Muschelgrotte, einem Parterre aus Tulpen und Kaiserkronen mit Rändern aus Buchsbaum, Orangenbäumen in Kübeln, vergoldeten Statuen und Pavillons. Auch dieser Garten wurde gemalt. Auf einem der 200 Blumenbilder ist schon eine Yukka, die am 23. Juni 1653 253 Blüten trug. Der Sohn des Grafen ließ den Garten verfallen, und französische Revolutionstruppen zerstörten ihn vollends.

Um 1600 hörte man endgültig auf, möglichst verschiedene Pflanzen in seinem Garten zu sammeln. Die Architekten traten an die Stelle der Botaniker. Sie planten als Übergang in den meist wilden Parks eine erhöhte Terrasse am Haus, von der Stufen in das sogenannte *Parterre* (das heißt: der Erde gleich) hinabführten. Es gab, wie aus Wallensteins Brief ersichtlich, auch Wasserparterres. Die Blumenparterres bestanden aus Lilien, Fuchsschwänzen, Malven, Ringelblumen, Nelken, Kaiserkronen. Grotten, die bald so beliebt werden sollten, wurden unter den Terrassen angelegt. An den vier Ecken des Parterres standen Zypressen. Es war kein anderer Baum erlaubt. Man legte alles genau fest. Die Bäume und Büsche mussten die rechte Höhe im Verhältnis zur Breite und Länge der Wege haben. Buchsbaum wurde zu Pyramiden, Obelisken, Kegeln und Säulen verarbeitet.

Boyceau, der größte Künstler dieser Parterres, wagte es, die viereckigen Beete aufzugeben und alle Arten von geometrischen Figuren – wie Sterne, Dreiecke und Nieren – zu gebrauchen. Schließlich wurden die geometrischen Muster aufgegeben, und die Muster wurden lang und fließend und verschnörkelt, kompliziert wie das Gitterwerk der Zeit. Sie wurden *compartiments de broderie*, Stickereibeete, genannt, was die Sache völlig traf. Olivier de Serre, ein Mann, der ein berühmtes Buch über den Ackerbau geschrieben hatte, das neunzehn Auflagen erreichte, bewunderte die Teppichbeete in Frankreich, die aus verschiedenen Pflänzchen mühselig hergestellten Buchstaben, Bilder und Wappen und die Buchsbaumskulpturen: »Großartig sind die Gesten von Mensch und Tier, die Schiffe, die Gebäude, die in Pflanzen imitiert werden. Man braucht wirklich nicht nach Italien zu gehen.« An die Stelle der Blumenpflege trat das Entwerfen von Beetmustern. Eine typische Figur der Zeit war der schon erwähnte Jean Robin, *brodeur du roi*, Sticker des Königs, »Kurator des medizinischen Gartens der weltberühmten Pariser Schule«, ein Pflanzensammler, der eine genaue Pflanzenkenntnis nicht mehr für Heilzwecke, sondern für Stickereizwecke wichtig fand. Auch Maria Merian, die Tochter des berühmten Kupferstechers Merian, veröffentlichte ein Blumenbuch als eine Vorlage für Stickereien.

Nur noch einige, unter ihnen Graf Gotter in Molsdorf, legten große Rosenparterres an. Gotter, um dort die Sitzungen seines schäferlichen Eremitenordens abzuhalten. Und einfache Privatleute, wie Goethes Großvater, okulierten weiter mit großer Liebe Rosen in ihren Gärten. Aber das hatte nichts mit der Zeitmode zu tun, und es führt schon ins 18. Jahrhundert.

»Die Girlande der Julia« oder Das Meisterwerk der Galanterie

Seit Menschengedenken haben Rose und Lilie das Feld der Huldigung beherrscht. Die griechische Dichterin Sappho nannte die Rose die Königin der Blumen. Die Lilie ist *»der* König« der Blumen, heißt es auf Französisch; denn auf Französisch ist die Lilie männlich.

In der französischen Aristokratie war es Sitte, seiner Braut jeden Morgen bis zur Hochzeit einen Strauß zu senden, in dem die Rose und die Lilie nicht fehlen durften. Die berühmteste derartige Hochzeitsgabe war *Die Girlande der Julia.*

Julia war die Tochter der Madame de Rambouillet und der Mittelpunkt des Salons ihrer Mutter. Madame de Rambouillet hatte mit ihrem Salon ein großes Zivilisationswerk nach den wilden Zeiten der Religionskriege begonnen. Bei ihr war der Haudegen verpönt, und das Ideal des *l'honnêt homme* wurde gepflegt. Man musste *comme il faut* sein. Dieser Ausdruck *comme il faut* war noch am Ende des 19. Jahrhunderts weit verbreitet. Madame de Rambouillet ließ die üblen Gewohnheiten einer wilden Zeit in ihrer Gegenwart nicht mehr zu. Sie lehrte alle Zeitgenossen, die bei ihr verkehrten, Höflichkeit, und »Höflichkeit gibt wenigstens den Schein und lässt den Menschen äußerlich so erscheinen, wie er innerlich sein sollte«. Während noch überall in Frankreich, im Gegensatz zum Beispiel Italien, mit den Fingern aus der gemeinsamen Schüssel gegessen wurde, gab Madame de Rambouillet jedem einen Teller und ließ den Teller nach jedem Gang wechseln. Sie führte einen Bauplan ein, der so maßgebend wurde, dass zwei Jahrhunderte hindurch die Dramatiker als Ortsangabe nur zu schreiben brauchten: *Court* oder *Jardin*, Ehrenhofseite oder Gartenfront. Sie war die Erste, die einem Zimmer eine blaue Farbe gab, und sie schmückte dieses berühmte *chambre bleu*, wie es die Holländerinnen taten, mit Schnittblumen in Vasen. Nicht, als ob das ganz neu gewesen wäre. Auf den meisten Bildern der Verkündigung stehen die obligaten Lilien in einer Vase. Auf der *Anbetung der Hirten* von Hugo van Goes sind Iris und Akelei in Vasen, wie wir sie auch noch heute haben, und Holbeins Hansekaufmann Giese vom Stahlhof in London hat auf seinem Bürotisch ein paar Nelken in einer Glasvase stehen. Aber seit Madame de Rambouillet gehörten Blumen zu einem gut eingerichteten Zimmer. Man hatte Deckelvasen mit Löchern im Deckel, in denen die Blumen staken und der mitsamt den Blumen aufgehoben wurde, um das, Wasser zu erneuern. Sogar in die Kamine wurden im Sommer Blumenarrangements gestellt.

Bei Madame de Rambouillet verkehrten Richelieu, Mazarin, Condé, die großen Staatsmänner ihrer Zeit.

Hier las Corneille seine Dramen vor und La Rochefoucauld seine Maximen. Hier herrschte das Ideal treuer, schmachtender Liebe, stark genug, alle Hindernisse zu überwinden.

Eine derartige Liebe war auch die der Julia und des Barons St. Maure. Julia ließ sich anbeten und ihn warten. Er zog in den Krieg, geriet in Gefangenschaft, doch nach vier Jahren, 1645, wurde schließlich die Hochzeit gefeiert. Baron St. Maure gab seiner Braut als Hochzeitsgeschenk, andere sagen: als Geburtstagsgeschenk, ein Album mit Blumenmalereien von Robert, der damit über Nacht berühmt wurde. Die Dichter von Paris hatten mithilfe von Losen die Blumen unter sich verteilt. Jeder sollte ein Madrigal zu seinen Blumen dichten. So schrieb zum Beispiel Corneille über Orangenblüten und Strohblumen. Natürlich waren unter den Blumen auch die Rose und die Lilie. Auf dem Titelblatt war eine Blumengirlande um den Namen Julia.

Die Girlande der Julia tauchte in den Stürmen der Französischen Revolution auf einer Versteigerung in Hamburg auf. Seitdem galt sie als verschollen. Aber sie kam schließlich in den Besitz eines Londoner Antiquars und von dort in französischen Privatbesitz. Das ist merkwürdig, denn der französische Staat besitzt eigentlich alle Originale seiner berühmten Vögel- und Blumenmaler, und noch 1954 wurde ein Originalband von Aubriet, in rotem Maroquin gebunden, bei einer Londoner Versteigerung für 2000 Pfund Sterling für die Pariser Sammlung gekauft.

Die Sammlung von Blumenmalereien im Naturkundemuseum von Paris

Als Gaston, Herzog von Orleans, der Bruder Ludwigs XIV., das Schloss von Blois umbaute, ernannte er den Flüchtling Mr. Morison zum Oberaufseher des neu angelegten Gartens. Der Zusammenhalt der geistigen Welt bestand noch immer wie eh und je. Morison war ein Schotte, der im englischen Bürgerkrieg auf der Seite des Königs gestanden hatte und 1644 nach der Niederlage der Royalisten nach Frankreich geflohen war. Er hatte bei Robin studiert. König Karl II. rief ihn zurück, damit er den St.-James-Park betreue. Morison wurde der erste Professor für Botanik in Oxford und damit in England. Er starb eines sehr modernen Todes. Er wurde nämlich 1683 in London auf dem Trafalgar Square überfahren.

Als Gaston nach einem Maler Umschau hielt, der ihm seine Blumen malen könnte, fiel seine Wahl natürlich auf Nikolaus Robert. Roberts auf Pergament gemalte Blumen kamen in die Bibliothek Ludwigs XIV. Während der Revolution wurde dann diese einzigartige Sammlung der *vélins*, die mit Rabel (1578–

1637) begonnen hatte, in das Museum des *Jardin des Plantes* gebracht, wie der *Jardin du Roi* nun hieß, der 1635 gegründet worden war. Dort ist sie noch heute zu sehen.

Der Nachfolger Roberts als *peintre ordinaire de Sa Majesté pour la miniature* war Joubert, der zwei Louisdor für jede Pflanze, die er malte, bekam. Ihm folgte Aubriet (1665–1742). Aubriet hatte Tournefort, den größten Botaniker seiner Tage, auf eine Reise in die Levante begleitet, natürlich im königlichen Auftrag. Tournefort, Aubriet und ein deutscher Arzt, Gundelsheimer, arbeiteten schwer, trotzten Stürmen und Piraten, um zweiunddreißig ägäische Inseln zu besuchen. In Konstantinopel, wo sie ihre erste Post vorfanden, erreichte sie ein Brief des Oberaufsehers der königlichen Gärten, in dem es hieß, dass die Auftraggeber nicht befriedigt seien. Aubriet habe nur Skizzen geschickt, und das Grün darin sei überhaupt nicht das richtige Grün. Wer zahlt, kann angeben, meistens verstehen Angeber gar nichts. Aber dies ist ein Fall von ungewöhnlich dummer Angeberei. Aubriet antwortete, wenn man am Tage ein paar Dutzend Pflanzen entdeckt, sei es unmöglich, mehr als eine Skizze zu geben. Die Mühsale der Reise seien unbeschreiblich, und dann noch diese Nörgelei von Zuhause … Diese Arbeiten blieben ein Jahrhundert lang das wertvollste Material der Botanik.

Aubriets Leben war glücklich trotz dieses Ärgers

in der Jugend. Er hatte Zimmer am Jardin du Roi; und Blumen zu malen und ein bisschen mit Insekten zu spielen war ein schönes Dasein. Er hoffte, sein großes Werk über die Metamorphose der Insekten eines Tages zu vollenden. Er machte viele Zeichnungen dafür, aber natürlich wurde er nicht fertig. Das Menschenleben ist eben etwas kurz. Er wollte ein einfaches Begräbnis, und sein Geld sollte zwischen Wohltätigkeitsorganisationen und Gebeten für seine Seele geteilt werden. Er ist im Namen *Aubrietie* lebendig geblieben, und jeder, bei dem die süßen lila Blümchen einen Stein bedecken, sollte an diese liebe Seele denken. Die Nachfolge Aubriets ging an eine Dame über, Mademoiselle Basseport, und dann an Speandonck, den Schüler des großen Blumenmalers Van Huysum. Blunt hat nachgewiesen, dass Speandonck Redouté seine Technik lehrte, und dass Redouté nichts weiter getan hat, als Speandonck zu popularisieren. Eine Zeichnung von Mellon setzte 1905 den Schlussstein hinter die Sammlung des Museums.

Le Notre und die Verbannung der Blumen in den Küchengarten

Männer pflanzen Bäume und Sträucher. Sie wollen das Dauernde, und wenn man ihnen die Natur ganz überließe, so würde es kaum Blumen geben. Sie interessieren sich im Allgemeinen nur für Blumen, soweit sie Wissenschaftler oder Gärtner sind. Sind sie das nicht, so benutzen sie die Blumen nur als Liebesboten.

Wo Frauen gärtnern, gibt es Blumen. Als Gärten ein und ein halbes Jahrhundert lang eine Männerleidenschaft wurden, verschwanden sie.

Die Kämpfer der französischen Fronde legten ihre hohen Stiefel ab und ihren Kämpfergeist, behängten sich mit Spitzen, bezahlten für eine solche Garnitur 13 000 Taler, und das Einzige, worin die französische Hofgesellschaft von 1660 an die von 1630 erinnerte, war die Sehnsucht nach blonden Perücken, die den Herren das Aussehen von Löwen verschafften. Nach hundertfünfzig Jahren Totschlag aus Weltanschauung wollte man genießen, soweit das möglich war.

Die Gärten bildeten den Rahmen der Hofgesellschaft. In den überall angelegten Naturtheatern wurde gespielt, getanzt, zwischen grünen Taxushecken und weißen Figuren wurden Feste gefeiert. Fischteiche und Vogelhäuser und kostspielige Orangerien waren selbstverständliche Bestandteile eines feinen Gartens geworden. Überall gab es Parterres und Terrassen und Wasserspiele.

So stand es, als Le Notre kam und die Landschaft in einen Park verwandelte, oder vielmehr Landschaften schuf, wo vorher Wald und Feld gewesen war. Er wollte den unendlichen Garten. Kein Park war für ihn zu groß, um nicht in Beziehung zum Haus gebracht zu werden. Er war es, der die langen Avenuen anlegte, die herrlichen Alleen, die uns noch heute entzücken. Ein englischer Nachahmer Le Notres plante eine Allee von 70 Meilen, die seinen Landsitz mit London verbinden sollte. Bauwerke und Plastiken traten in den Vordergrund. Bäume und Sträucher wurden nur noch architektonisch verwendet. Le Notre, der als Maler in Rom angefangen hatte, erfand die auf einen Blickfang ausgerichtete Perspektive, den *point de vue*, den Kanal, an dessen Ende ein Tempel steht, stille Wasser und heimliche Steinbänke im Dickicht, Teiche mit Figuren, Vasen und Springbrunnen und gerundete Treppen.

Die Schäferspielerei hatte in Venedig begonnen und wurde von Königin Christine von Schweden in Rom fortgesetzt, wo sie die *Arkadia* gründete, eine Gesellschaft von Künstlern und Gelehrten. Hier wurde das erste Schäferspiel *Endymion* aufgeführt, im Freien, im Naturtheater, zum Rauschen der Wasser und der Bäume. Die Schäferspielerei ging am Hofe Ludwigs XIV. weiter, man maskierte sich als Schäfer und Schäferin in Seide und Samt und tanzte zwischen geschnittenen Hecken, die Le Notre als erweiterten Festsaal erzaubert hatte. Ludwig XIV. hat eine Milliarde für Versailles ausgegeben, zwar nur einen Bruchteil dessen, was seine Kriege gekostet haben, aber immerhin, und er hat vierzigtausend Menschen mit der Anlage der Gärten beschäftigt. Le Notre führte hin zu den Traumgärten Europas, er ist der größte Verschönerer dieses Erdteils geworden. Die großen Herren schickten ihre Gärtner nach Paris, um unter ihm zu lernen. Herrenhausen bei Hannover und St.-James-Park in London sind noch das Werk seiner persönlichen Schüler. Die Gärten von Schleißheim, Nymphenburg, Karlsruhe, Ludwigsburg bei Stuttgart, Brühl, Favoriten bei Mainz, Veitshöchheim bei Würzburg, Belvedere bei Weimar, Schönbrunn, Pillnitz, Schwetzingen, Sanssouci, Bayreuth, die Gärten von Drottningholm bei Stockholm, von Peterhof in Russland, von La Granja San Ildefonso in Spanien sind die geistigen Kinder Le Notres.

Die Blumen verschwanden endgültig. Kein Mensch interessierte sich mehr für Blumen. Le Notre legte die Beetmuster mit Glasperlen, ja sogar mit Blumen aus Sèvreporzellan und wie eh und je mit buntem Sand aus, was dazu führte, dass die Hofgesellschaft bei windigem Wetter mit Sand überschüttet wurde. Sogar die Tafeldekoration bestand in Versailles aus Aufsätzen, die mit buntem Sand gefüllt waren, in dem wenige Blumen steif prangten. In Deutschland schmückte man im Nürnberger Rathaus zur gleichen Zeit, 1648, beim Friedensfest zum Abschluss des Dreißigjährigen Krieges die Tafel mit obsttragenden Zwergbäumen, und der Saal war mit Girlanden von dreißigerlei Arten von Obst und Blumen dekoriert.

Dabei liebte Ludwig XIV. Blumen, und sein Gärtner La Quintinie war der erste seit Rom, der im Abendland wieder die Kunst der Blumentreiberei ausübte, um jederzeit Rosen, Lilien, Hyazinthen, Narzissen, Heliotrop, Jasmin, Nelken für die riesigen Blumenarrangements in den Schlossräumen und auf den Marmortreppen zu haben. 600 Orangenbäume in Silberkübeln standen in der Spiegelgalerie zu Versailles. 3000 Orangenbäume wurden im Winter aus dem Garten in die Orangerie gebracht.

Als die Kommunisten 1871 in der Orangerie eingeschlossen waren, schmolzen sie die Silbertöpfe ein und zerhackten die Orangenbäume zu Brennholz.

Man brauchte auch weiterhin Blumen als Mittel gesellschaftlicher Konvention. In Wien zum Beispiel gab es im 17. und 18. Jahrhundert eine Art von Maskerade, *Wirtschaft* geheißen, bei der sich Kaiser und Kaiserin als Gastwirt und Wirtin, die Hofgesellschaft als Kellner und Stubenmädchen anzogen. Es war eine höchst willkommene Abwechslung des entsetzlich langweiligen Hoflebens, das nur aus Etikette bestand, und erwünschte Zuflucht bei zeremoniellen Schwierigkeiten. So konnten sich 1698 Kaiser Leopold und Peter der Große nur auf einer *Wirtschaft* treffen. Beide spielten ihre Rollen als Wirt und Bauer ausgezeichnet. Monate vor den Maskenwirtschaften wurde gelost, und der Kavalier musste der so erlosten Dame Buketts aus echten oder künstlichen Blumen senden.

Aber im großen und ganzen waren Blumen im Garten abgetan. Dafür erschienen sie, besonders Rosen, aus Stuck und aus Holz geschnitzt an Wand und Türverkleidung, an Möbeln und Spiegelrahmen, in Marmor gemeißelt an den Kaminen. Vor allem jedoch waren sie an den Deckengemälden zu sehen, wo Putten Rosenkränze halten und Venus und Flora von Rosen umgeben sind, auf einem unwahrscheinlich blauen, weißwolkigen Glückshimmel.

Jean Baptiste Monnoyer (1634–1699) entwarf Blumenmuster für Gobelins und Innendekoration, und das Buch seiner Stiche, *Le Livre de Toutes Sortes de Fleurs d'après Nature*, hat den größten Einfluss auf die Stoffe und Tapeten der folgenden Jahrhunderte ausgeübt. Aber Blumen, besonders Rosen, *in natura* interessierten nicht mehr und machten auch in den Ländern, wo noch Blumen erlaubt waren, den Zwiebelgewächsen Platz.

Die Tulpenwut

Jedermann kennt den berühmten Tulpenschwindel, eine der tollsten Spekulationsgeschichten aller Zeiten, aber wenige machen sich klar, dass das in den Jahren 1634–1637 war, mitten im Dreißigjährigen Krieg, während das große Kulturland Deutschland verrohte, herabsank, um eigentlich nie mehr die alte

Höhe zu erreichen, weil es entweder geistig oder materiell groß war, aber nie mehr beides zusammen. Zur gleichen Zeit blühte Holland, das seine Kämpfe hinter sich hatte.

Die Niederländer in ihrem eintönigen Land waren immer große Blumenliebhaber. L'Obel spricht von der Blumenliebe der Flamen während der Kreuzzüge und der Regierungszeit der reichen, prunkliebenden burgundischen Herzöge. Es wird erzählt, dass eine arme Frau zu einer Zeit, als seltene Blumen teuer, aber die Dienste eines Malers billig waren, dem großen Jan Breughel den Auftrag gab, ihr die Blumen zu malen, die sie nicht kaufen konnte. Auf dem Genter Altar der Brüder van Eyck sind zu sehen: Löwenzahn, Maiglöckchen, Ranunkeln, Wiesenschaumkraut, Veilchen, Kresse, Päonien, Iris, Nelke, Schöllkraut, Waldmeister, Salomons Siegel, Madonnenlilie, Schafgarbe und dazu all die südlichen Pflanzen, die van Eyck 1428 auf einem Besuch in Portugal gesehen hatte: Wein, Granatapfel, Feige, Palme und Orange. Zwei Jahrhunderte später verließ kein Handelsschiff einen holländischen Hafen, ohne dass dessen Kapitän verpflichtet worden wäre, Samen, Wurzelknollen und, wenn möglich, lebende Pflanzen nach Holland zu bringen. Es wurden bis in die kleinsten Dörfer Vereine zur Blumenpflege gegründet. Sie hatten ihre Gesetze, ihre Zeremonien, ihre Feste. Im Frühling versammelte man sich und wählte eine Art von Tribunal, das neue Blumen zu beurteilen hatte. Das ist übrigens nicht so außergewöhnlich. Die Parsen von Bombay laden zum Erblühen einer vollkommenen Blume ihre Freunde ein, und ihre Blüte wird mit Gesang und Festlichkeit gefeiert.

Jeder Gärtner wird das nachfühlen können, da ja der Garten immer gerade dann nicht auf der Höhe ist, wenn ein Besucher kommt. Das ist schon so bekannt, dass ein Gärtner sich nur lächerlich macht, wenn er sagt: »Tja, vor vier Wochen, da war eine Blumenpracht!«

In den Niederlanden war das eine Art Ritus. Sachverständige gingen von Beet zu Beet, Preise wurden verteilt, und man besprach den Wert einer Neuheit. Am Abend des Frühlingsfestes saß man bei einem Mahl, aber es wurden weder Jagd- noch Kriegsgeschichten erzählt; *on causait fleurs*, man sprach über Blumen, wie der französische Gesandte schrieb. Staatsmänner und Gelehrte und feine Damen, alles arbeitete im Garten, pflanzte ausländische Gewächse und sandte Ableger an den botanischen Garten in Leiden. In Holland wurden die schönsten Blumenstillleben der Welt gemalt. Übrigens sind oft Blumen aus den verschiedensten Jahreszeiten auf einem Bild zu sehen, was natürlich ganz gleichgültig ist, aber uns in einem Blumenbuch interessieren mag.

Die Gärten des neu entstandenen Holland waren intim. Selbst wenn man viel Platz hatte, teilte man das Grundstück in kleine Gärten auf und packte unbeschreiblich viel in solch einen kleinen Raum. Es waren die putzigen und zierlichen Gärten eines kleinen Landes, einer bürgerlichen Kultur. Von Holland kommt der »Gartenschmuck«, Korallenstücke und Porzellanfiguren und bunte Glaskugeln, von Holland kommen die Beeteinfassungen, die sich teilweise bis zum heutigen Tage erhalten haben: Kacheln, Schafsknochen, Blei, Muscheln. Die Benutzung des menschlichen Schlüsselbeins als Beeteinfassung wurde in England als unenglisch abgelehnt. In Holland erreichte auch die Buchsbaumkultur neue Höhen, hier wurden ganze Flotten und Wappentiere und Jagden geschnitten.

So war der Boden vorbereitet, als Busbeck Massen von Narzissen, Hyazinthen und Tulpen zwischen Adrianopel und Konstantinopel blühen sah und darüber berichtete. Die Tulpe war das Wappen des regierenden Hauses der Türken, Osman, und genau wie die Lilie in Frankreich erschien die Tulpe in der Türkei in Stein, auf Stoffen, auf Keramik.

In Persien wuchs die Tulpe wild. Sie war das Zeichen der Liebeserklärung. Die Dichter priesen sie, die Maler malten sie. Der Großmogul Baber zählte dreiunddreißig verschiedene Arten bei Kabul. Nach einer persischen Legende war sie natürlich, wie alle Blumen, aus Blutstropfen entstanden: »Und wo die Tulpe folgt dem jungen Lenz, den roten Kelch erhebt, da starb Ferhad aus Liebe zu Schirin und färbte rot die Wüste mit seines Herzens Tränen.« Damals schon bezahlten die Türken hohe Preise für eine Tulpe. Die Tulpe heißt auf türkisch *lale*, und das Wort *Tulpe* beruht auf einem Missverständnis von Busbeck.

Busbeck jedenfalls sandte Samen und Zwiebeln nach Wien, wo L'Ecluse sie in den kaiserlichen Gärten pflanzte, und fünf Jahre später sah Konrad Geßner eine Tulpe in Augsburg im Garten des löblichen Rates Herwarth und machte eine Abbildung davon. Die einfache Tulpe heißt deshalb *Tulipa gesneriana.* Kurz darauf war sie in den Augsburger Fuggergärten zu sehen. Schon damals ließen sich reiche Wiener durch venezianische Kaufleute Tulpenzwiebeln aus der Türkei kommen. England erhielt die Claremont-Tulpe, die Mutter der Frühtulpen, 1577, wohl durch L'Ecluse, und 1582 eine strohfarbene und eine weiße mit leichtem Rosa, ohne dass sie Begeisterung hervorriefen. L'Ecluse hatte übrigens von Busbeck einen großen Haufen Zwiebeln bekommen, dachte, sie seien alt und nichts wert, und steckte sie in einem großen Haufen in die Erde, und sie brachten vielerlei Blumen. Hundert gab L'Ecluse an einen Apotheker in Wien, der sie in Zucker einlegte, ein Antwerpener Kaufmann briet sie und aß sie mit Essig und Öl. 1581 bildete L'Obel in seinem Kräuterbuch zwanzig Arten von Tulpen ab.

Frankreich war im 16. Jahrhundert von Religionskriegen zerrissen wie Deutschland im 17., und man interessierte sich in Frankreich für Tulpen erst im 17. Jahrhundert. Sie ist die Blume des Barock, die Blume der Zeit Ludwigs XIII. und Ludwigs XIV. Menschen, die die Form lieben, lieben die Tulpe. Ich glaube, dass die Damen, die gern künstliche und natürliche Blumen im Beginn des 20. Jahrhunderts ansteckten, niemals eine Tulpe getragen haben. Ich habe auch eine Modeabbildung aus dem Jahre 1886 vor mir, die *Ballblumen* überschrieben ist, wo die Damen wie Gebirgswiesen im Frühling mit Blumen garniert sind – Tulpen jedoch sind nicht darunter. Aber 1610 steckten sich die Französinnen Tulpen in ihren tiefen Ausschnitt. Kurz darauf erreichte der Preis von Tulpen alberne Höhen. Für eine Tulpenzwiebel gab ein Müller seine Mühle her, ein Brauer seine Brauerei für *La Tulipe Brasserie.* Ein junger Franzose war entzückt, als Mitgift eine seltene Zwiebel zu bekommen, die *Marriage de ma fille* genannt wurde. Aber das alles war nur Vorspiel zur Tulpenwut in Holland.

Holland war rasch das wesentliche Land Europas geworden. Das Gesicht Europas hatte sich vom Mittelmeer ab- und dem Atlantik zugewendet. Genuesische Handelsherren, aber auch die Fugger, erbauten sich Paläste in Amsterdam. Man war reich und konnte sich Blumen leisten. Aber was sich von 1634–1637 in Amsterdam, Haarlem, Utrecht, Leiden, Rotterdam abspielte, hatte nichts mit Blumenliebe zu tun, nichts mit Luxus, nichts mit Reichtum. Die Tulpe bildete einen Handelsartikel ernstester Art.

Die Händler waren weder Tulpenzüchter noch Gärtner, weder Gartenfreunde noch Blumenliebhaber. Es erschienen Nabobs und Handwerker, Tagelöhner und Grafen, Bauern und Schiffer, Mägde und Knechte, Damen und Näherinnen, Fischfrauen und Kinder und machten Börsengeschäfte. Der Name *Börse* selbst soll damals entstanden sein, da sich die Tulpenspekulanten in dem Hause der adligen Familie van der Beurse zu Brügge trafen. Zuerst ließ man die Tulpenzwiebeln aus Lille im französischen Flandern kommen, wo die Mönche sich mit der Tulpenkultur beschäftigten, und zwar bis zur Französischen Revolution. Später waren die Tulpenzwiebeln gar nicht vorhanden. Statt der Tulpe bekam man eine Bescheinigung über den Kauf. Dieses Papier wurde zu höherem Preise weiterverkauft.

Zehn Millionen Zwiebeln wurden derart verhandelt. Aber nicht alles ging ins Blaue hinein vor sich. Im Gegenteil, Leute verkauften ihr Hab und Gut, um Tulpenzwiebeln zu erwerben. Für die *Semper Augustus* wurden 13 000 Gulden gezahlt, für *Admiral Enkhuizen* 6000 Gulden, für *Vizekönig* 4203 Gulden. Für *Vive le Roi* wurden kontraktlich gegeben: 2 Last Weizen, 4 Last Roggen, 4 fette Ochsen, 8 Ferkel, 12 Schafe, 2 Oxhoft Wein, 4 Tonnen Achtguldenbier,

2 Tonnen Butter, 1000 Pfund Käse, ein Bündel Kleider und ein silberner Becher. Für eine Zwiebel wurde ein neuer Wagen mit zwei Pferden, für eine andere sogar 12 *acres* Land gegeben.

Ein Tulpomane hatte für schweres Geld ein seltenes Exemplar erstanden und erfuhr, dass ein Schuster in Haarlem die gleiche Tulpe besaß. Er fuhr hin, zahlte 1500 Gulden und zertrampelte die Pflanze, damit seine Tulpe die einzige blieb. Als er dem Verkäufer sagte, er wäre bereit gewesen, ihm auch das Zehnfache zu zahlen, ging der Schuster auf den Boden und erhängte sich.

In jedem Dorf gab es eine Taverne, in der gehandelt wurde. In jedem Haus gab es Trockenkammern für Tulpenzwiebeln. Jeder legte sich in seinem Zimmer eine Tulpentreiberei an. Blumenkästen und Tontöpfe stiegen im Preis. Schreckliche Dinge geschahen. Ein Matrose ging nichtsahnend in einen Laden, sah eine Zwiebel und biss, während er wartete, hinein. Es war aber eine kostbare Tulpenzwiebel.

Feste wurden gefeiert, um Kontrakte zu begießen. Alle Stoffe, alle Spitzen erhielten Tulpenmuster. Kein Maler malte ein Blumenstillleben ohne Tulpe. Schuhflicker und Waschfrauen und Spitzenklöpplerinnen kamen zu Vermögen. Zwiebeln wurden nicht mehr an Ragouts geschnitten, aus Furcht, die Gottheit zu beleidigen, »die sich ja sichtbarlich in den Zwiebeln offenbaren sollte«.

Es entstand eine neue Religion: »Es heißt Gott beleidigen, wenn man eine Blume verachtet.«

Zum Besten des Waisenhauses in Alkmaar wurden 120 Tulpenzwiebeln verkauft und damit 90 000 Gulden erlöst.

Man nahm an, dass der Tulpenhandel nie aufhören, dass ganz Europa sich beteiligen und alles Geld Holland zufließen werde. Man schloss Lieferungen auf einen bestimmten Tag ab. Statt der zwölf Tulpen waren nur drei da, die Abstandssummen, die dann gezahlt werden mussten, überstiegen oft das ganze Vermögen des Händlers. Manchmal bezahlten auch die Käufer die immensen Summen nicht. Es entstanden böse Streitigkeiten. Die Preise sanken. Man berief Versammlungen ein, hielt Reden mit Schmähungen der Kurzsichtigen, die glaubten, dass ein so wertvoller Gegenstand auf die Dauer seinen Wert verlieren könne.

Niemand glaubte mehr. Aus war es mit dem Vertrauen in die Tulpen. Am 27. April 1637 erschien ein Gesetz, dass Tulpenverträge eingehalten werden müssten wie jede andere Geschäftsabmachung. Aber die meisten nahmen schnell, was sie kriegen konnten, oft einen Bruchteil von dem, was sie erwartet hatten. Ein Mann, der 60 000 Gulden Rente gehabt hatte, war in vier Jahren zum Bettler geworden.

Die Tulpenwut war zu Ende. Aber die Tulpen blieben hochgeschätzt. Noch 1836 wurde für eine neue

Sorte, *Citadel of Antwerp*, 13 000 Mark bezahlt, was auch nicht wenig ist. Der Große Kurfürst von Brandenburg ließ von seinem Leibarzt Elsholz einundsiebzig Abbildungen der kostbarsten Tulpen machen, das *Theatrum Tuliparum ad mandatum Serenissimus 1661.* In seiner *Gartenbaukunst* zählte Elsholz 216 verschiedene Sorten auf.

Das 18. Jahrhundert sah dann eine Tulpenleidenschaft in der Türkei, die aber weit mehr der Rosennarretei im kaiserlichen Rom als der Tulpenwut in Holland ähnelte. Sie fing allerdings ähnlich an. Tausend Goldstücke wurden für eine einzige Zwiebel aus Persien gezahlt, der Sultan befahl jedoch dem Kommandanten von Konstantinopel, die Preise zu kontrollieren.

Man feierte am türkischen Hof unter Ahmed III. (1703–1730) mit Leidenschaft Tulpenfeste, soweit man von Leidenschaft im Zusammenhang mit den stoischen Türken sprechen kann. Ein einziger Auftrag des Hofes erging über 50 000 Zwiebeln. Der Palastgarten enthielt eine halbe Million Tulpen, und ein liebenswürdiger Tulpenzüchter des Großwesirs, der Scheich Mohammed Lalézaré, registrierte 1323 verschiedene Arten.

Der französische Gesandte beschrieb 1726 für Ludwig XV. ein Tulpenfest, das Ahmeds Großwesir für seinen Herrn gab:

»Wenn die Tulpen blühen und der Großwesir sie

dem Sultan zeigen will, dann werden zuerst einmal die Stellen, wo blinde Tulpen hervorkommen, sorgfältig durch andere Blumen, die in Flaschen stecken, verborgen. Neben jeder vierten Blume steckt eine Kerze, und an allen Wegen werden Käfige mit vielerlei Vögeln aufgehängt. Die Gitter sind überreich mit Blumen dekoriert, zum Teil in Flaschen, und sie werden von einer unendlichen Zahl farbiger Glaslampen beleuchtet. Diese bunten Lampen werden auch in die Zweige der Bäume gehängt. Die Wirkung dieser Farben und Lichter, die von zahllosen Spiegeln reflektiert werden, ist herrlich. Die Illumination, begleitet vom lauten Klang der türkischen Musik, findet jeden Abend statt, solange die Tulpen blühen. Während dieser Wochen wohnt und isst der Sultan und sein Gefolge beim Großwesir auf dessen Kosten.«

Ein Großwesir kam einmal auf den Gedanken, lebende Schildkröten zu Trägern seiner Lampen zu benutzen. Sie wandelten langsam zwischen den Tulpen. Was ist dagegen der eine Abend, an dem der Parse in Bombay das Aufgehen einer schönen Blüte feiert, was ist dagegen das Preisgericht und das Abendbrot der holländischen Honoratioren, wo man statt von Mord und Totschlag von Blumen sprach! In der Türkei, zur Zeit, als man die Blaue Moschee in Konstantinopel baute, feierte man einige Wochen lang nichts als die Tulpen; denn das Fest des Großwesirs war ja nicht alles. Man feierte auch ein Fest beim Sultan, an dem seine fünf Frauen anwesend waren, die Konkubinen und die übrigen Sklaven des kaiserlichen Harems sowie der Hauptkaffeekoch, den man wohl besser als Oberzeremonienmeister des Kaffees anzusprechen hat, der Oberhofmarschall und der Oberkammerherr. Zwischen den Blumen wurde das Essen gereicht, und jeder Gast erhielt als Geschenk einen Schal, ein Schmuckstück oder ein Gewand. Auch hier gab es ein Blumenpreisgericht, bei dem der Großwesir als Richter zu fungieren gnädigst zugestimmt hatte, und dem Züchter der schönsten Blume wurde feierlich ein Diplom überreicht, das, entsprechend diesem Schönheitskult, einer persischen Miniatur glich, mit gemalten Blumengirlanden und mit arabischer und persischer Schrift geziert.

Unter Mohammed I. wurde im Hof des großen Serails in Konstantinopel ein Fest gefeiert, wenn die Geburt eines Sultanssohnes gerade in die Tulpenzeit fiel. Holzgerüste wurden errichtet, auf denen Blumen in Vasen standen und Lampen und Glaskugeln mit buntem Wasser und Käfige mit Kanarienvögeln. In der Abenddämmerung wurden die Tore geschlossen, die Kanone am Bosporus feuerte einen Schuss ab, die Türen des Harems wurden geöffnet, und im Licht von tausend süß duftenden Fackeln der Wächter flatterten die Frauen von allen Seiten, während die Kanone wieder feuerte und die Eunuchengärtner schrille Rufe ausstießen.

Die Frauen, selig über dieses bisschen Freude, hatten trotzdem auch hier nur ein Ziel, nämlich die Aufmerksamkeit ihres kaiserlichen Herrn zu erregen. Als es spät wurde, stellte die Herrin des Harems dem Sultan das Mädchen vor, das ihm gefiel. Der Sultan warf ein Taschentuch als Zeichen, dass er allein zu sein wünsche. Der Garten wurde leer, und die Frauen kehrten mit den Erinnerungen an diesen Abend in die unerträgliche Langeweile zurück.

Es gab Tulpenfeste, bei denen man tanzte und chinesische Schattenspiele zeigte. Die Tulpenfeste wurden wichtiger als die Nationalfeiertage. Sie störten die Staatsgeschäfte und schädigten die Staatskasse.

Um die gleiche Zeit, nämlich Mitte des 18. Jahrhunderts, kamen solche Mengen von Tulpen aus Amerika nach London, dass Tulpen »eine Sache für Ladenbesitzer und Handwerker wurden«, wie mein lieber snobistischer Gewährsmann sich 1824 ausdrückt, und 1820 finden sich im Katalog von Mason, einer englischen Pflanzenhandlung, 6 frühe, 4 Papageien-, 22 doppelte und 600 späte Tulpensorten angezeigt.

Aber noch im 19. Jahrhundert lehnte ein Mr. Goldham ein Angebot von 2000 Mark für die Zwiebel *Ludwig XVI.* ab. Der Durchschnittspreis war sieben Mark für eine Zwiebel, und ein gutes Tulpenbeet konnte man für 1200 Mark kaufen. Eine ausgesprochene Gelegenheit, ein Tulpenbeet für 1200 Mark!

Die Tulpe hat, wie alle Blumen, eine großartige

Entwicklung durchgemacht. Während fast alle Tulpen des 17. Jahrhunderts weißrot oder weißlila, jedenfalls geflammt waren, wie man auf jedem holländischen Blumenstillleben sehen kann, sind unsere heutigen Tulpen nicht nur nach Blütezeiten verschieden, sondern sie haben eine Farbenskala und eine Kombination von Farben, von der die Holländer im 17. Jahrhundert nichts ahnten. Außerdem kostet heute ein Dutzend Tulpen weniger als früher eine einzige Durchschnittstulpe. Eine der schönsten Tulpen, *Keyzerscroon*, stammt aus dem Jahre 1680, und die Papageientulpen, die doch so modern wirken, stammen gar von 1620. Dagegen wurde die Darwintulpe erst 1889 entwickelt. Holland ist das Zentrum der Zwiebelkultur geblieben. Millionen von Tulpenzwiebeln werden in die ganze Welt geschickt. Und 1945, das möchte ich hinzufügen, schickten die Holländer eine Million Zwiebeln nach London – aus Dankbarkeit für ihre Befreiung.

Die Hyazinthe

Man könnte meinen, dass die Holländer nach der Tulpenwut von Blumen überhaupt und von den Zwiebeln im besonderen genug gehabt hätten. Das war aber ganz und gar nicht der Fall. Den Tulpen folgten sehr bald, auf eine gemäßigte Weise, die Hyazinthen. Die Hyazinthe wurde in großem Stil von den Türken angepflanzt, die sie von den Arabern erhalten hatten. Sie wurde 1596 von dort nach Europa eingeführt, obwohl sie, im Gegensatz zur Tulpe, eine uralte europäische Blume ist, die schon bei Homer vorkommt. Um 1700 erfreute sich die Hyazinthe großer Beliebtheit in Holland, und für die Sorte *Admiral Liefken* wurden 4900 Gulden bezahlt, für eine andere Sorte *L'Ophir* 2000 Gulden.

Ein Züchter, Peter Voerhelm, hatte jahrelang alle doppelten Hyazinthen weggeworfen, aber als er krank war, blieb eine stehen. Sie wurde die Grundlage seiner Erfolge. Er zog doppelte, ja sogar dreifach gefüllte Hyazinthen von großer Pracht. Die dritte, die ihm glückte, nannte er *King of Great Britain*, und jede Zwiebel brachte ihm (1760) 2000 Mark ein. Schöne Sorten wurden mit Festen gefeiert, zu denen alle Bewohner der Gegend eingeladen wurden, und bei denen es hoch herging.

Während es 1597 nur vier Sorten gegeben hatte, gab es 1725 2000 Sorten. 4000 Mark war ein üblicher Preis für eine Zwiebel. 1824 wurden 200 Mark für die besten Zwiebeln gezahlt und eine bis zehn Mark für gewöhnliche Sorten. Eine Mischung von hundert einfachen Zwiebeln kostete 40–60 Mark. Aber für die *Rouge Eblouissante* wurden noch im 19. Jahrhundert 1660 Mark gezahlt. Bei Haarlem waren 40 Hektar für Hyazinthen reserviert. 1911 gab es nur noch 300 Sorten, aber 2000 Zwiebelzüchter, und statt der 40 Hektar waren nun 3500 Hektar bebaut. Der Exportwert belief sich auf sechzehn Millionen Mark im Jahr. Vierzig Prozent gingen nach England, fünfundzwanzig Prozent nach Deutschland, achtzehn Prozent nach den Vereinigten Staaten. Die Anbaufläche für Zwiebeln überhaupt stieg dann bis zur großen Krise auf 9200 Hektar und schrumpfte durch Krise und Krieg stark zusammen, aber immerhin exportierte Holland im Jahre 1951 schon wieder fünfundsechzig Millionen Hyazinthenzwiebeln. Aber was ist das gegenüber den hundert Millionen Tulpenzwiebeln, die die Holländer 1939 allein nach den Vereinigten Staaten sandten!

Außer Haarlem war Berlin ein Eldorado der Hyazinthenzucht. Die Hugenotten, die überallhin ihre Gartenkultur mitbrachten, brachten die Hyazinthe seit 1685, das heißt, seit der Große Kurfürst ihre Einwanderung begünstigt hatte, auch nach Berlin. Der Berliner Sandboden erwies sich als besonders geeignet. David Bouché, ein Hugenottenabkömmling, veranstaltete 1740 die erste Hyazinthenausstellung in Berlin, aus der später ein bekanntes Kaffeelokal in der Kommandantenstraße entstand. Auch Friedrich Wilhelm III. besuchte das Lokal von Bouché, wo er besonders die Aurikeln bewunderte. Als ich diese Geschichte las, dachte ich einen Augenblick darüber nach, wie anders wahrscheinlich die Weltgeschichte verlaufen wäre, wenn Wilhelm II. bei Hillbrich in der Leipziger Straße in Berlin Kaffee getrunken hätte.

Der Höhepunkt der Berliner Hyazinthenzucht wurde um 1830 erreicht. 1839 zog ein einziger Züchter etwa 2 000 000 Hyazinthen, von denen er jahraus, jahrein 600 000 Stück verkaufte. Die Berliner Hyazinthenfelder lagen hauptsächlich im Südosten, im späteren Lichtenberg. Schon 1830 waren 25 Morgen mit Blumenzwiebeln bebaut, von denen viereinhalb Millionen Hyazinthen waren. Die Bebauung dieser Hyazinthenfelder mit Mietskasernen geschah zu Beginn dieses Jahrhunderts.

Hyazinthenzwiebeln im Wasser waren jahrzehntelang eine beliebte Zimmerkultur in Berlin. Man bekam dafür alles zu kaufen, die Spezialgläser, die hübschen Papierhelme, um die Blumen vor Licht zu schützen, und sogar Hüllen aus gesticktem Batist für die Gläser. In England werden die Hyazinthen für Weihnachten in Keramiken verkauft und vielfach selbst gezogen. Die Wasserkultur ist dort nicht eingeführt, wahrscheinlich weil es keine Fensterbretter gibt, für die die Hyazinthen in Wasser so reizvoll sind.

1787 zeigte ein Marquis de Gouffier in der Société Royale d'Agriculture in Paris eine Hyazinthenzwiebel, die mit Absicht verkehrt in ein mit Wasser gefülltes Glas gelegt worden war. Sie hatte ihre Blätter, dann die Blütenstängel ins Wasser getrieben, die

Blätter waren grün, die Blumen statt blau weiß. Überall wird betont, dass bei diesem Experiment keine Wurzeln in die Luft wuchsen.

Goethe konnte den Duft von Hyazinthen nicht leiden: »Viele duftende Glocken, o Hyazinthe, bewegst du, aber die Glocken ziehen wie die Gerüche nicht an.«

Die Nelke

Als man im 17. Jahrhundert der Zwiebelgewächse überdrüssig geworden war, kam die Nelke an die Reihe.

Die Nelke ist uralt. Sie war schon Theophrastus bekannt. Sie war von den Römern am Golf von Biskaya entdeckt worden. Als der gute König René von Ludwig XI. seiner Herrschaft beraubt wurde, flüchtete er in die Provence und beschäftigte sich nur noch mit Nelkenzucht. Und noch heute – das ist das echte Frankreich – werden an der Riviera die Nelken nach der Methode des guten Königs René gezogen.

Froissart erwähnte die Nelken im 14. Jahrhundert. Im 15. Jahrhundert ist eine Nelke höchst prominent auf dem Gemälde van Eycks, dem *Mann mit der Nelke*, zu sehen. Sie gehörte zu den »morgenländischen Pflanzen«, die in den Gärten der Medici kultiviert wurden. Aber große Teile Europas bekamen die

Nelke aus Osteuropa. 1572 tauchte sie in Wien auf, wohin man sie aus Schlesien hatte kommen lassen, und 1629 gab es dort schon fünfzig verschiedene Sorten. Nach England kam 1597 eine gelbe Nelke, die ein ehrenwerter Kaufmann von London sich aus Polen verschafft hatte. Andere sagen, dass die Flamen sie 1567 mitgebracht hätten. Um 1650 war sie in England fast vergessen. Sie wurde von Holland wieder eingeführt und für eine einzige Nelke wurde ein Pfund gezahlt. Die Herzogin von Devonshire trug 1650 einen Nelkenkranz, der 2000 Mark kostete. Um 1660 begann man Treibhausnelken zu ziehen, die höchst beliebt wurden.

Als der große Condé von Mazarin in die Bastille geworfen wurde, amüsierte er sich während seiner Gefangenschaft damit, Nelken zu ziehen: »Mars ist Gärtner geworden«, sagte man. Später trugen Condés Soldaten Nelken als Sinnbild der Tapferkeit.

Überhaupt wurde die Nelke früh symbolisch, und zwar für die verschiedensten Richtungen. Die französischen Adligen trugen rote Nelken, wenn sie die Guillotine bestiegen, die sozialistischen Arbeiter steckten sich rote Nelken an, wenn sie Umzüge machten. Nelkenrot wählte Napoleon für das Bändchen der Ehrenlegion. Die Anhänger des nationalistischen Generals Boulanger erkannten sich an einer Nelke. Nelkenrot wurde die Fahne des Kommunismus.

Um 1800 gab es hundert Bücher über Nelkenzucht. Man stellte, genau wie bei den Tulpen, Systeme auf, was die Farbe, die Zeichnung und die Formen betraf, und wurde so engherzig, jede noch so schöne Ausnahme abzulehnen. Jede Abweichung wurde diskutiert. Um 1820 war die Nelke in England verachtet, »sank zu einer Handwerkerblume herab«. Aber in Frankreich und Deutschland enthielten Buketts bis zu 180 verschiedene, aber immer stark riechende Sorten. 1840 wurde der heutige Dauerblüher in Frankreich gezogen und rasch von den Amerikanern übernommen, und 1897 wurde die *Mrs. W. T. Lawson* für 30 000 Dollar verkauft. 1850 zog Léon Lille, ein Gärtner in Lyon, zweitausend Spielarten; denn die Nelke war und ist die meistverkaufte Blume in Frankreich und gehört überhaupt zu den Blumen, die ein Hauptartikel des Blumenhandels sind. Die heutige Nelke, die bis 8 cm Durchmesser hat, ist fast immer zweifarbig, in allen roten und violetten und gelben Tönen. Sie hat nur sehr wenig mit dem alten roten »Nägelein« zu tun.

Die Nelke ist außerdem die verbreitetste Volksblume. Die Älplerin steckt sie sich ins Mieder, die Spanierin an den hohen Kamm ins Haar, die Italienerin hinters Ohr, der Bauernbursch an den Hut, wenn er Erfolg in der Liebe hat. Rote Nelken wachsen in den Blumenkästen der Gebirgsbauernhäuser, je höher in den Alpen, umso besser gedeihen sie.

Die Nelke beherrscht die Blumenmärkte der Riviera. In Vence habe ich eine Prozession gesehen, die man zugleich als Nelkenfest ansprechen konnte. Vence liegt in der Provence. Hier, im uralten *Gallia Transalpina*, wurde nie der Fluss der Geschichte unterbrochen. Auf einer Marmortafel bedankt sich der Sohn des römischen Kaisers Galen für den Erholungsaufenthalt seiner Familie bei der Kurverwaltung, am bischöflichen Palais sind Skulpturen aus der Zeit der Merowinger, und in der Kathedrale dient ein römischer Sarkophag als Altar. Aus den Fenstern hatten die Leute weiße Strickdecken gehängt, von vollendeter Arbeit und feinsten, kompliziertesten Mustern. Auf diese Decken wurden grüne Blätter und auf die grünen Blätter rote und weiße Nelkenköpfe gesteckt. Dicke Girlanden aus Nelken wurden von Baum zu Baum gehängt. Die Straßen bekamen Ränder aus Nelken. Kleine Jungen legten Streifen, die drei bis vier Nelken breit waren, zwischen denen die Prozession gehen sollte. Sie stellten überall Kübel mit Nelken auf. Sie stellten Vasen mit Nelken vor die Bilder der Heiligen. Sie machten große Kreuze aus Nelken, indem sie die Blumen durch die gestrickten Decken steckten. Alte Frauen probierten Muster auf den weißen Decken aus. Sie hielten die Nelken dagegen, um zu sehen, ob es schöner sei, sie ein paar Zentimeter weiter nach rechts oder nach links zu stecken. Männer saßen am Straßenrand und zerzupften Säcke voll

Nelken, um die Straßen zu bestreuen. Das zweckloseste aller Geschöpfe, die Blume, das zwecklose Wohlgefallen an der Schönheit beherrschte die Stadt, und jeder beteiligte sich daran, sie zu schaffen. Eine Abart der Nelke ist die Studentennelke, die Dodoens auf deutschen Mittelgebirgen in der Sonne entdeckte. Sie heißt in Deutschland *Schöner Hans* oder *Garten-Wilhelm*, auf englisch *Sweet William*, und die weiß-rot gesprenkelte Sorte wird *London Pride* genannt.

Genau wie bei der Rose wird über ausgezeichnete Exemplare bei der Nelke berichtet. In der Mitte des 19. Jahrhunderts gab es in Belgien Nelkenstöcke, die hundertsechzig bis hundertachtzig Blüten trugen. Ein solcher Stock kostete sechs bis zehn Francs, was offenbar als teuer angesehen wurde, und als Entschuldigung wurde hinzugefügt, dass ein solcher Stock drei Jahre aufmerksamster Pflege bedürfe. Baumnelken erreichten damals fünf bis sechs Fuß Höhe.

Die Botanik bis Linné

Von der Renaissance bis zu Linné gab es in der Botanik das immer dringendere Problem einer systematischen Einteilung. Die Anzahl der bekannten Pflanzen wuchs und wuchs, und ohne Systematik musste alles in einem Chaos enden.

Die Alten, Theophrastus, Dioskorides und Plinius,

hatten die von ihnen entdeckten Pflanzen in »Bäume, Sträucher, Kräuter« eingeteilt, bis Albertus Magnus seine 350 Pflanzen nur noch in Bäume und Kräuter einteilte.

Die großen Renaissancedeutschen Fuchs (der immerhin schon 1500 Pflanzen in seinem ungedruckten Manuskript beschrieb) und Brunfels hatten überhaupt keine Einteilung, Bock teilte seine achthundert Pflanzen in drei Klassen ein:

1. Wilde Pflanzen mit riechenden Blüten,
2. Klee, Gräser, essbare und Schlingpflanzen,
3. Bäume und Sträucher.

Ich gebe hier die ganze Einteilung von Dodoens wieder, nur als ein Kuriosum und um zu zeigen, wie alles, was heute selbstverständlich ist, unter unendlichen Mühen geboren wurde:

1. Violette Pflanzen
2. Zwiebelpflanzen
3. Wilde Blumen
4. Wohlriechende und Bukettpflanzen
5. Doldenpflanzen
6. Heilkräftige Wurzeln
7. Abführende Pflanzen
8. Sich windende Pflanzen
9. Giftige Gewächse
10. Farne, Moose und Pilze
11. Getreide
12. Hülsenfrüchte

13. und 14. Futterpflanzen
15. Wasserpflanzen
16. Essbare Kräuter
17. Essbare Früchte
18. Wurzeln und Zwiebeln
19. Gewürze
20. Disteln
21. Dornige Sträucher
22. Dornenlose Sträucher
23. Fruchtbäume
24. Wilde Bäume
25. Immergrüne Bäume

Geßner hatte schon vorher nach Blüten und Fruchtteilen eingeteilt, und L'Obel, der außerordentlich genau beobachtete, hatte 1570 Getreide mit den Gräsern zusammengestellt. Der erste, der eine echte Einteilung versuchte, war Caesalpinus (1519–1603). Er benutzte die Andeutungen des Theophrastus und des Aristoteles über die Bedeutung von Samen und Frucht, um ein ausgebildetes Pflanzensystem aufzustellen.

Die geschliffenen Brillengläser, von Roger Baco 1276 erfunden, waren 1590 von Zacharias Jensen in Holland zum Mikroskop entwickelt und von Robert Hooke 1635 verbessert worden. Robert Hooke untersuchte alles und jedes. Seine Beschreibung der Korkzelle ist der früheste Nachweis der Pflanzenzelle. Dazu kam die Entdeckung des menschlichen Blutkreislaufs, den Grew in Coventry und Malpighi in

Messina gleichzeitig auf die Untersuchung der Pflanzen anwandten. Das alles war die Voraussetzung, damit John Ray (1627–1705) und Nehemia Grew und Leeuwenhoek (1630–1723) die Entdecker der Pflanzenanatomie werden konnten und Camerarius in Tübingen endgültig die Geschlechtlichkeit der Pflanzen nachwies.

Tournefort, von dem im Zusammenhang mit Aubriet die Rede war, war ein großer französischer Botaniker und Vorstand des Botanischen Gartens in Paris. Er kam 1708 bei einem Verkehrsunfall ums Leben. Tournefort brachte von der schon erwähnten Reise in die Levante 1300 Pflanzen mit. Er hat im Ganzen 10 146 Pflanzen beschrieben, war der erste wirkliche Systematiker. Er stellte im Jahre 1694 zweiundzwanzig Klassen und sechshundertachtundneunzig Gattungen auf. Er sowohl wie Leibniz wiesen auf die Wichtigkeit der Befruchtungsorgane hin. M. Vaillant, ein Schüler von Tournefort, ließ eine Rede über die Sexualfunktionen drucken. Diese Rede bekam Linné in die Hände.

Karl Linné, später *von* Linné, war der Sohn eines Pastors in Raschult in Schweden und selber für die Kirche bestimmt. Er war aber ein schlechter Schüler, da er sich für nichts als Pflanzen interessierte. In jeder biografischen Notiz über Linné steht, dass die Lehrer des Gymnasiums dem armen Vater erklärten, dass sein Sohn nicht zum Studieren tauge, er passe besser zum Schuster, und manchmal wird sogar erzählt, dass er bei einem Schuhmacher in der Lehre gewesen sei. Tatsache ist, dass dies von einem Lehrer zu Linnés Vater gesagt wurde, aber ohne dass es irgendwelche Folgen hatte. Aber Linné selber scheint sich als Junge so darüber gekränkt zu haben, dass er bis ins Alter hinein immer wieder davon berichtete, und so geriet diese Äußerung in alle Biografien. Tatsächlich interessierte sich ein Arzt, Dr. Rothmann, sehr früh für Linné, nahm ihn in sein Haus und veranlasste, dass er Medizin studierte. Auf der Universität Lund fiel ihm die Vaillantsche Schrift in die Hände, die von größtem Einfluss auf ihn war. Ein Brief des großen Albrecht von Haller, in dem er Linné seine eigene Stellung in Göttingen anbot, da er selber in die Schweiz zurückkehren wollte, erreichte Linné nicht, und er wurde Arzt, bevor er eine Professur in Uppsala annahm, die er dann sechsunddreißig Jahre lang innehatte.

1734 hat Linné die Pflanzenwelt nach den Staubfäden eingeteilt.

John Gilmour, der Direktor von Kewgarden bei London, hält den Sieg des Linnéschen Systems für ein psychologisches Phänomen: »Zu Beginn des 18. Jahrhunderts war die wahre Lehre der natürlichen Einteilung in einer ganzen Reihe von Systemen vorhanden, die sich bekämpften, so griffen die Botaniker unter Aufatmen nach der Lösung aus Schweden. Linnés System ist äußerst künstlich.«

Der Blumenmaler Ehret, den Blunt für den Größten hält, erzählte: »Ich traf Linné, der mir seine neue Methode der Untersuchung von Stempeln zeigte. Ich machte eine Tabelle daraus, und damit verdiente ich etwas Geld, denn ich verkaufte sie für zwei Gulden das Stück. Als Linné ein Anfänger war, gab er alles, was ihm bekannt wurde, als eigene Entdeckung aus, um sich berühmt zu machen.«

Linnés Herbarium befindet sich in England, wohin es auf eine merkwürdige, höchst englische Weise kam. Sir Josephs Banks war der Mann, der Kew zu dem gemacht hat, was es heute ist, der wichtigste botanische Garten der Welt, und er hat damit sein Ziel verwirklicht, das systematische Studium der Flora der Erde zu ermöglichen. Banks hat die Fuchsie und die Hortensie und viele andere Pflanzen zuerst nach England gebracht und war zweiundvierzig Jahre lang Präsident der *Royal Society*, der »Königlichen Gesellschaft«, einer Vereinigung, der die größten Wissenschaftler der Welt angehörten und angehören; er war der Begleiter von James Cook auf dessen Reise um die Welt.

Banks erzählte dem Botaniker James Smith bei Porter und Beefsteak, dass in Schweden Linnés Herbarium zu verkaufen sei. Smith, der Sohn eines reichen Fabrikanten, kaufte die Sammlung für 1000 Guineas, und 1784 fuhren sechsundzwanzig große Kisten mit der Brigg *Appearance* nach England. Es wäre beinahe zu einem internationalen Zwischenfall gekommen, als das schwedische Publikum von der Sache erfuhr. Es ist aber nicht wahr, dass ein schwedisches Kriegsschiff die *Appearance* verfolgte, um ihr die Kisten abzujagen, wenn auch ein fantasievoller Maler die nicht geschehene Verfolgung eindrucksvoll gemalt hat.

James Smith, den Jessen »einen würdigen Nachfolger Linnés« nennt, gründete die »Linné-Gesellschaft zu London, wo noch immer die einfachen Schränke mit ihrem wenig umfangreichen Inhalt behütet werden, Krone der ungeheuren Pflanzensammlungen, welche dort ohne Rücksicht auf Geldopfer zusammengebracht worden sind und als unumschränktes Eigentum der gelehrten Welt jedem Forscher offen stehen« (Jessen).

Englischer contra französischer Garten

Die Gärten Le Notres wurden in der Nachahmung immer fantastischer. Seine grünen Wände wurden zu einer grünen Steinarchitektur zerschnitten, mit Fenstern und Türen, mit Pfeilern und Kreuzgewölben aus Laub, mit Tier- und Menschenfiguren aus Buchsbaum. Für die Instandhaltung dieser Gärten wurden erstaunliche Summen ausgegeben. Wenn auch nicht 8000 Gärtner wie im alten Ägypten beschäftigt wurden, so müssen doch hunderte gearbeitet haben, um die Buchsbaumkulturen in Ordnung zu halten.

Gegen diesen Stil schrieb schon 1625 der große Sir Francis Bacon: »Muster aus farbiger Erde sind ein Spielzeug, genau so was Hübsches kann man oft bei Huren finden. Ich mag keine Figuren aus Taxus, das ist etwas für Kinder.« Etwa gleichzeitig war Milton für das Dickicht, für Tanne und Fichte gegen Teppichbeet und Parterre.

Wirkungsvoller war das, was der englische Publizist Addison 1712 schrieb. Er war nicht nur für blühende Obstbäume gegen geschnittene Figuren und Barockmuster aus Buchsbaum, er sagte: »Nachahmung der Natur soll den Eindruck selbstentstandener Wildnis machen … und eine Reihe von Kohlköpfen erscheint mir reizvoller als alle Treibhauspflanzen.« Er verlangte, dass Küchengewächse und Blumen wild durcheinander wüchsen, dass Obstbäume und andere Bäume gemischt würden, und er rühmt sich, dass sein eigener Garten aussehe wie »eine natürliche Wildnis« und wie ein unbestellter Teil des Landes. Aber er fügte hinzu: »Ich weiß, dass die Leute mich in Bezug auf Gärten für einen Narren halten.«

Übrigens war Addison in Frankreich, als der Nachfolger Le Notres, Dufresnoy, Landschaftsgärten einzuführen versuchte. Vielleicht hat Addison sie gesehen und von dort die Anregung nach England gebracht, wo sie mehr Aufmerksamkeit fand als in Frankreich.

Zur gleichen Zeit erschien in England der fingierte satirische Katalog einer Handelsgärtnerei – es war die Zeit der großen englischen Satiriker Swift (*Gullivers Reisen*) und Defoe (*Robinson Crusoe*) – von Alexander Pope:

1. *Der heilige Georg aus Buchsbaum. Sein Arm ist noch nicht lang genug, aber sollte sich im April genügend entwickelt haben, um den Drachen zu erreichen.*
2. *Ein grüner Drache aus Buchsbaum, im Augenblick mit einem Schwanz aus Efeu versehen. N. B.: 1 und 2 werden nicht getrennt verkauft.*
3. *Ein Lavendelschwein, mit Salbei aus dem Bauch wachsend.*
4. *Eva und die Schlange aus Taxus, besonders kräftiges Wachstum.*
5. *Ein paar Riesen, im Wachstum zurückgeblieben, sehr preiswert.*
6. *Verschiedene berühmte Dichter aus Lorbeer, von Mehltau befallen, werden für einen Pfennig abgestoßen.*

Die Zeichen eines neuen Geschmacks zeigten sich überall. 1707 schrieb der Architekt Vanbrugh an die Herzogin von Marlborough, man solle das alte gotische Gutshaus im Park stehen lassen: »Ruinen sind eines der gefälligsten Objekte, die der beste Landschaftsmaler erfinden kann.«

Der Landschaftsmaler wurde zum Gartenarchitekten. Poussin, Claude Lorrain und Salvator Rosa wurden entdeckt, und *wie* entdeckt! Ihre klassischen Landschaften wurden das englische Ideal. Die mit unendlichen Kosten und mit unendlicher Mühe geschnittenen Hecken, die mathematischen Figuren, Kegel und Pyramide, verschwanden, die Blumenparterres wurden herausgerissen, die Terrassen abgetragen, der Zaun fiel weg, die Mauer verschwand. Ein Graben begrenzte ein Stück Landschaft in der Nähe des Hauses, bis auch der Graben wegfiel und schließlich, fünfzig Jahre später, die großen Säulenfassaden der Palladianischen Paläste auf derbem wegelosem Gras standen und die Aussicht auf eine Landschaft mit Baumgruppen alles war, was vom Begriff eines Gartens übrig blieb. Es kam die Zeit, wo die Blumengärtner vergeblich versuchten, von ihrem Handwerk zu leben, und sich jene schreckliche Geschichte mit der Aloe ereignete.

1729 war einem Gärtner in Hoxton in London etwas Außergewöhnliches gelungen: Er hatte eine Aloe, die zweiundsiebzig Jahre alt war, zum Blühen gebracht. Er baute um die dreißig blühenden Zweige einen Glaskasten, den er täglich mit großer Mühe und in großer Eile vergrößerte. Er stellte die Aloe gegen Geld zur Besichtigung aus. Eine ganze Menge Menschen bewunderte schon die Blüte, als drei gut gekleidete Männer auf die Pflanze zustürzten und sie kurz und klein schlugen. Der Gärtner versuchte, seine Pflanze zu schützen, es kam zu einem Handgemenge, Degen wurden gezogen, und er blieb schwer verletzt zurück. Zudem waren die Besucher auseinandergestoben, ohne zu bezahlen, so dass der arme Gärtner seinen Lohn und seine Gesundheit einbüßte. Der Grund zu diesem abscheulichen Verbrechen ist nie aufgeklärt worden, aber man nimmt an, dass Konkurrenzneid den Antrieb gab.

1728 verlangte ein Freund der Natur: »Täler, rauschendes und sich windendes Bächlein, ein kleines Kornfeld, von Hecken eingeschlossen, Holzhaufen, Abgründe, kalte Bäder und geschlossene Räume in einem wohlangelegten ländlichen Garten«.

Addison gab die Theorie in einem mystischen Geschwafel wieder: »Gärten sind Kunstwerke, daher steigt ihr Wert, je mehr sie der Natur ähneln.«

Die vorhandene englische Landschaft wurde umgearbeitet. Es ist das Zeitalter Lancelot Browns, der zwischen 1750 und 1783 den *Englischen Garten* schuf. Er ist es, der die Angst der Engländer vor geraden Alleen, geraden Wegen, geraden Landstraßen und schließlich geraden Stadtstraßen verursacht hat. Die »S-Linie der Schönheit« wurde proklamiert. Nur die Franzosen blieben der geraden Linie treu, zu einer Zeit, als ganz Europa Gärten voll von Hügeln und Zickzackwegen schuf.

Brown, den Fürst Pückler den »Garten-Shakespeare Englands« nannte, hatte als einfacher Gärtner angefangen, bevor er Gartendiktator wurde und erklärte, er müsse erst mit England fertig sein, ehe er Irland in Angriff nehmen könne. Er verbannte, genau wie Le Notre, die Blumen, aber aus völlig anderen Gründen. Farben, abgesehen von den Herbsttönen, zum Beispiel der Rotbuchen, durften die verschiedenen grünen Töne nicht unterbrechen. An die Stelle der Orangen, Zitronen und Myrten im Kübel kamen Obst und Waldbäume. Es ist unbeschreiblich, was die Zerstörung der zum Teil herrlichen Anlagen und ihre Umarbeitung auf einfache Natur gekostet hat.

Es geschah nicht ohne Widerstand im eigenen Land. Sir William Chambers, ein Liebhaber der chinesischen Kunst, beklagte, dass die Axt von Brown oft an einem Tag das Wachstum eines Jahrhunderts vernichtete, dass er ganze Wälder wegschlage, um für ein paar amerikanische Kräuter Platz zu machen, »nirgends ist für Erquickung, für Schatten gesorgt oder für einen Ruheplatz. Jeder Weg muss bis zum Ende verfolgt werden.«

Chambers ahmte die chinesischen Gärten nach, mit ihren Felsen und Brückchen und Pagoden, aber er legte auch türkische Moscheen, ägyptische Pyramiden, gotische Ruinen in die Gärten, wobei die Dienerschaft in die stilgerechten Kostüme gesteckt wurde.

China war auf dem Höhepunkt seines Glanzes und seines Wohlstandes 1662 bis 1796 unter der Regierung von zwei großen Mandschu-Kaisern, als Kaiser

Chien Lung zur Freude aller die riesigen Gärten des Yüan Ming Yüan anlegte. Sie maßen zehn Meilen in der Runde, und dreitausend Gebäude waren darin, Gebäude aus Marmor und Lack, Porzellantürme und künstliche Seen und Hügel und Wasser. Diesem China verdanken wir die Pagoden und chinesischen Türme in europäischen Gärten und die Chinoiserien des Rokoko.

Die besondere Unnatur der Brownschen Natürlichkeit war, dass Dienerschafts- und Lieferanteneingänge weit entfernt vom Haus zu unterirdischen Gängen führten, die in den Küchenquartieren endeten, damit die romantische Einsamkeit des Hauses nirgends von dem vulgären Anblick eines Lebensbetriebes gestört werde. Auch die Küchengärten legte man eine halbe Meile vom Haus entfernt an.

Das Ende des 18. Jahrhunderts und das Missbehagen an der Lebensfreude

Die Romantik, der Addison erstaunlicherweise schon 1712 Ausdruck verliehen hatte, wurde zu einer europäischen Bewegung. Eine allgemeine Sehnsucht nach großen Gefühlen verbreitete sich. Hatte noch wenige Jahrzehnte zuvor die Heiterkeit geherrscht, war man aus dem Busen einer Marmordame mit Wasser bespritzt worden, war man mit Wasser übergossen worden, wenn man sich setzte, was selbst der Erzbischof von Salzburg in Schloss Hellabrunn mit seiner Hochwürde für vereinbar gehalten hatte – am Ende des 18. Jahrhunderts war mit der Vorliebe für die unglückliche Liebe eine Vorliebe für unglückliche Gefühle verbunden, eine Absage an das Lachen. Wenige Sekunden in der Weltzeit oder zweihundert Jahre nachdem der europäische Mensch sich von der Urangst vor der Natur einigermaßen befreit hatte, war die wellige Landschaft mit Baumgruppen, eine liebliche und saubere Landschaft, in die Brown das ländliche England verwandelt hatte, nicht mehr gut genug. Efeu sollte die Bäume ersticken, der Bach sollte ungleiche Seiten, der Weg tiefe Furchen haben, und große Steine und Stachelginster sollten den kleinsten Spaziergang zum Abenteuer erheben. Wild und melancholisch wollten die reichen englischen Herren ihre Umgebung haben, »schrecklich«, »düster«, »kühl« und »feierlich« wollten sie ihre Natur, bis sie schließlich so weit waren, einen toten Baum zu pflanzen. Die Grotten gehörten zu dieser schrecklichen Natur, sie wurden Mode. Der Herzog von Newcastle ließ sich eine Grotte bauen, an der drei Handwerker fünf Jahre lang gearbeitet haben.

In ganz Europa kamen die Urnen und Opferaltäre auf. Es entstand ein »Tal des Todes«, dekoriert mit Särgen, Skeletten und moralischen Inschriften, die Eitelkeit des Menschen betreffend. Als der alte Herr von Manteuffel in Kurland seinen Geburtstag feierte, planten die Töchter als Höchstes einen künstlichen Hain mit Altar, an dem sie selbst opfern wollten. Goethes Darmstädter Freundin Lila, die Hofdame Luise von Ziegler, ließ sich in ihrem Gärtchen unter einer Rosenlaube ein Grab graben, in das sie sich bisweilen hineinlegte, um, vom Hauch und Duft der Natur umweht, die Empfindung des Sterbens auszukosten. Rousseausche Einsiedeleien wurden aus Borke und Steinen errichtet, ländliche Gebäude bildeten den Hintergrund für die seidenen Hirtengewänder und bebänderten Hirtenstäbe der Damen des französischen Hofes, die mit grünen Zweigen in der Hand promenierten. Damen und Herren wandelten mit Blumensträußen in der Hand unter den Säulen und Bäumen des Palais Royal. Rousseau nahm in der *Nouvelle Héloïse* den Addisonschen Gedanken vierzig Jahre später wieder auf: »Feld- und Gartenblumen wuchsen durcheinander. An den offenen Orten sah ich hier und da, ohne Ordnung und Symmetrie, Gesträuche von Rosen und Himbeeren.« Die Schäferei nahm eine tragische oder zumindest von innerer Unsicherheit bestimmte Wendung. Die Gärten im neuen Geschmack hießen *Bagatelle*, hießen *Folie.* Ein Monsieur Boutin bot seinen Gästen in goldenen Schüsseln Obst und Milch an. Die Königin Marie Antoinette reichte die Milch in feinstem rosa Sèvres-Porzellan, das ihrem eigenen schönen Busen nachgebildet war. Der Schmuck im kleinen Trianon waren Feldblumen, Gänseblümchen und Kornähren.

In Russland sah die *Einsiedelei*, die *Eremitage* noch anders aus. Hier kam das schlechte Gewissen erst hundertundfünfzig Jahre später. Der Speisesaal stand in Verbindung mit einem Wintergarten, auf dessen mit weißem Sand bestreuten Wegen man unter grünen Bäumen spazieren gehen und sich unter blühende Sträucher und reifende Fruchtbäume setzen konnte. Der Garten war hoch überwölbt, und durch künstliche Heizung wurde eine gleichmäßige, behagliche Wärme verbreitet, so dass man auch in der kältesten Jahreszeit Rosen und Sommerblumen, Stachel- und Johannisbeeren, Pfirsiche und Trauben pflücken konnte. Über diesem Wintergarten lag auf einer Terrasse ein zweiter Garten »in asiatischem Geschmack«, der nur in den Sommermonaten besucht wurde.

In Deutschland war das Zeitgefühl in der Hirschfeldschen Theorie der Gartenkunst in ein gefälliges System gebracht: der Garten als Anstalt, Bewegungen der Seele zu erregen, wie Vergnügen, Wonne, Schwermut, Erstaunen, Ehrfurcht, Ruhe, Andacht, Frieden. Demgemäß unterschied Hirschfeld die Teile des Gartens. In der Abteilung *Ehrfurcht* sollten die Monumente berühmter Männer untergebracht werden. Für die Abteilung *Schauer der Wehmut* gab es Grabdenkmäler, Urnen, von Trauerweiden beschattet, efeubewachsene Sarkophage, Tod mit gesenkter Fackel.

Kein geringerer als Schiller zeigt, völlig ohne Ironie, in einem Aufsatz *Über den Gartenkalender auf das Jahr 1795* das Resultat solcher Kunstübung. Er schreibt über die französische und englische Gartenkunst: »Aus der strengen Zucht des Architekten flüchtete sich die Gartenkunst in die Freiheit des Poeten, vertauschte plötzlich die härteste Knechtschaft mit der regellosesten Lizenz.« Schiller hält einen mittleren Weg wohl für gangbar und dafür Hirschfeld geeignet, der nachdrücklich gegen die Anglomanie so vieler deutscher Gartenbesitzer eifert, »gegen die Brücken ohne Wasser, gegen die Einsiedeleien an der Landstraße und so fort …«, und es keineswegs für unmöglich hält, »symbolische und gleichsam pathetische Gärten anzulegen, die ebenso gut als musikalische oder poetische Kompositionen fähig sein müssen, einen bestimmten Empfindungszustand auszudrücken und zu erzeugen«.

Und nun beschreibt Schiller einen solchen Garten: »Die meisten Reisenden, denen die Gunst widerfahren ist, die Anlage zu Hohenheim zu besichtigen, haben darin, nicht ohne Befremdung, römische Grabmäler, Tempel, verfallene Mauern und dergleichen mit Schweizerhütten und lachende Blumenbeete mit schwarzen Gefängnismauern abwechseln sehen. Sie haben die Einbildungskraft nicht begreifen können, die sich erlauben durfte, so disparate Dinge in ein Ganzes zu verknüpfen. Die Vorstellung (Hirschfelds) dass wir eine ländliche Kolonie vor uns haben, die sich unter den Ruinen einer römischen Stadt niederließ, hebt auf einmal diesen Widerspruch auf und bringt eine geistvolle Einheit in diese barocke Komposition. Ländliche Simplizität und versunkene städtische Herrlichkeit, die zwei äußersten Zustände der Gesellschaft, grenzen auf eine rührende Art aneinander … Diese glückliche Mischung gießt durch die ganze Landschaft einen tiefen, elegischen Ton …« Aber es geht noch weiter. Man sollte vom Schloss aus in den Garten gehen, meint Schiller, »das auf eine gewiss seltene Art Geschmack mit Verschwendung vereinigt. Durch den Glanz, der hier von allen Seiten das Auge drückt, wird das Bedürfnis nach Simplizität bis zu dem höchsten Grad getrieben und der ländlichen Natur, die den Reisenden auf einmal in dem sogenannten englischen Dorf empfängt, der feierlichste Triumph bereitet. Indes machen die Denkmäler versunkener Pracht, an deren trauernde Wände der Pflanzer seine friedliche Hütte lehnt, eine ganz eigene Wirkung auf das Herz, und mit geheimer Freude sehen wir uns in diesen zerfallenen Ruinen an der Kunst gerächt …«

Das alles klingt leicht komisch für unser heutiges Lebensgefühl, echt Zeitalter der Empfindsamkeit, ist man versucht zu denken, aber in einer ganz anderen

Ecke der Welt und zu einer ganz anderen Zeit wurden ebenfalls symbolische Gärten versucht, die nicht »einen Schönheitseindruck hervorrufen, sondern auch eine Stimmung in unserer Seele wecken«. Die großen Landschaftsgärtner, jene buddhistischen Mönche, die diese Gartenkunst zuerst in Japan eingeführt und sie dann zu einer fast okkulten Wissenschaft ausgebildet haben, gestalteten ihre Theorien noch weiter aus … Sie hielten es für möglich, in der Anlage eines Gartens moralische Lehren zum Ausdruck zu bringen, ebenso auch abstrakte Ideen wie Keuschheit, Treue, Kindesliebe, Zufriedenheit, Ruhe, Beschaulichkeit und eheliches Glück. Deshalb wurden die Gärten je nach dem Charakter ihres Besitzers verschieden entworfen, je nachdem dieser ein Krieger, ein Dichter, ein Philosoph oder ein Priester gewesen ist.

Editorische Notiz

Die vorliegende Ausgabe umfasst den ersten Teil des 1958 unter dem Titel *Kaiserkron und Päonien rot. Kleine Kulturgeschichte der Blumen* erschienenen Buchs.